Pädagogische Förderung mit assistiven Technologien und Unterstützter Kommunikation in der Schule

Beispiele einer Explorationsstudie und Impulse für die Praxis

Jörg Mußmann

Über den Autor

Dr. Jörg Mußmann ist zur Zeit Akademischer Rat am Institut für Heil- und Sonderpädagogik der Justus-Liebig-Universität Gießen. Er ist Förderschullehrer mit den Schwerpunkten »Sprache« und »Emotionale und Soziale Entwicklung« mit dem Ersten und Zweiten Staatsexamen sowie abgeschlossenem Diplom-Studium der Sonderpädagogik mit dem Schwerpunkt Sprachbehindertenpädagogik. Nach dem Referendariat in Hamburg war er von 2002 bis 2008 Wissenschaftlicher Mitarbeiter am Institut für Sonderpädagogik der Leibniz Universität Hannover und promovierte dort zu sprachlichen Barrieren und Lernchancen in informellen Bildungskontexten und Möglichkeiten der Sprachförderung an außerschulischen Lernorten. Seine aktuellen Arbeits- und Forschungsschwerpunkte beschäftigen sich mit Integration und Inklusion mit dem Förderschwerpunkt Sprache.

Oleanderstraße 12
D - 41470 Neuss
Telefon +49(0) 21 37 / 95 27 88
Fax +49(0) 21 37 / 95 27 83
www.skript-verlag.de
Printed in Germany
ISBN: 978-3-928249-60-7

Inhaltsverzeichnis

0 Vorwort 6

1 Ausgangslage 8

2 Theoretischer Hintergrund 12

2.1 Sprache als Medium der Kommunikation: Vom Blick zum Bit 12

2.2 Bedarf an Konzepten der UK und Sicht der Sonderpädagogik 13

2.3 UK: Was ist das? (zusammen mit Lena Weusthoff) 15

2.3.1 Elektronische Hilfen ohne Sprachausgabe 19

2.3.2 Elektronische Hilfen mit Sprachausgabe 20

2.3.3 Notwendigkeiten und Probleme im Schnittstellenbereich von UK und IKT 21

2.3.4 Exkurs: Umgang mit IKT als Medium der Sprachförderung unterstützt kommunizierender Kinder 23

3 Ziel und Methode des Projektes 25

3.1 Ziele 25

3.2 Organisation und Methoden 26

3.3 Aufbereitungs- und Auswertungsverfahren der Fragebögen 30

4 Ergebnisse 30

4.1 Mitarbeiterbezogene Ergebnisse 31

4.1.1 Demografische Daten 31

4.1.3 Einsatz von Methoden und Technologien der UK und IKT 35

4.2 Einrichtungsbezogene Ergebnisse 44

4.2.1 Technische Bedingungen 44

4.2.2 Personelle Bedingungen 46
4.2.3 Bedingungen der Vernetzung 49
4.3 Analyse der Bewertung zur erprobten Software 51
4.3.1 Inhalt der eingesetzten Software 51
4.3.1.1 About Jobs 52
4.3.2.2 Archimedes 52
4.3.2.3 Euro – Mit Geld Rechnen lernen 53
4.2.2.4 Hanna & Co Plus 53
4.3.2.5 Kon-Zen 54
4.3.2.6 Show Me AAC 54
4.3.2.7 Sicher im Verkehr – Mein erster Führerschein 55
4.3.3 Häufigkeit der Verwendung der eingesetzten Software 55
4.3.4.1 Installation und Stabilität 56
4.3.4.3 Benutzerfreundlichkeit 59
4.3.4.4 Support 60
4.3.4.5 Nutzung der Programmeinstellungen 61
4.3.5 Einschätzung der fachlichen Qualität 64
4.3.5.1 Allgemeine fachliche Qualität 64
4.3.5.2 Didaktisch-pädagogische Qualität 66
4.3.5.3 Einsatz im Unterricht 68
4.3.6 Einzelaussagen zur Software 70
5 Zusammenfassung 76
6 Fazit 78
7 Checklisten zur pädagogische Förderung mit assistiven Technologien und Unterstützter Kommunikation in der Schule 80
A Checkliste zur Evaluation der Kompetenzen und Ressourcen 80

B Checkliste zur Evaluation der Ausstattung 82
C Kriterien zur Evaluation eingesetzter Software 84
D Allgemeine Checkliste zum Einsatz von UK 86
E Tipps zur Sprach- und Kommunikationsförderung durch IKT 89

8 Literatur 90

9 Abbildungsverzeichnis 94

10 Tabellenverzeichnis 96

0 Vorwort

Bedingt durch die technischen Entwicklungen während den letzten Dekaden erfuhr die Vermittlung der basalen Kulturtechniken Lesen, Schreiben und Rechnen in den Grund- und Regelschulen eine fundamentale Erweiterung. Die Beherrschung moderner Informations- und Kommunikationstechnologien hat zwischenzeitlich einen Stellenwert eingenommen, wie es eben dem Lesen, Schreiben und Rechnen gleichkommt. Den Umgang mit Computer und Internet zu beherrschen, ist ein wichtiger und unverzichtbarer Bestandteil der schulischen Bildung geworden.

Richtet man den Blick auf die langfristigen gesellschaftlichen Entwicklungsprozesse, sind die Pluralisierung der Lebensformen und der sozialen Beziehungen, die Veränderung der Welt durch neue Technologien und der Wandel von Wertvorstellungen und Orientierungen nur die markantesten Trendlinien, welche insbesondere durch die schulische Bildung aufgegriffen werden müssen, um letztlich den berechtigten Anspruch auf Selbstbestimmung für alle Mitmenschen einlösen zu können.

Gegenwärtig nimmt im gesamten deutschsprachigen Raum der in den UN-Konventionen verankerte Anspruch auf Inklusion für Menschen mit Behinderung Form und Gestalt an. Dabei werden bestehende Bildungsprinzipien für Menschen mit Behinderung über die gesamte Bandbreite von exklusiven Modellen über integrative Ansätze bis hin zur vollen Inklusion durchaus kontrovers diskutiert. Ein wesentlicher Schlüssel zur Integration von Menschen mit Behinderung wird in dieser Diskussion allerdings häufig außer Acht gelassen: die Rolle assistiver Technologien und der Unterstützten Kommunikation.

Die nun vorliegende Evaluationsstudie von Dr. Jörg Mußmann bietet eine fundierte und mit wissenschaftlichen Methoden untermauerte Bestandsaufnahme zur Anwendung von assistiver Technologie, Unterstützter Kommunikation und speziellen Lern- und Therapiesoftwareprogrammen an sonderpädagogischen Schulen in Niedersachsen.

Die Studie zeigt, dass sich die Technologie analog zu unserer allgegenwärtigen Informations- und Wissensgesellschaft auch im Unterricht an sonderpädagogischen und integrativen Schuleinrichtungen ihren fixen Platz eingenommen hat.

Nichts desto trotz scheint eine der größten Barrieren zur vollen Entfaltung des positiven Potentials assistiver Technologien noch nicht überwunden zu sein: nämlich im Denken und unserer Wahrnehmung von Menschen mit Behinderung. Menschen sind nicht behindert, sie werden behindert.

Informieren Sie sich über die Vielfalt an barrierefreien Lösungen der Informations- und Kommunikationstechnologien und tragen Sie Ihren Teil zur Integration von Menschen mit Behinderung in unsere allgegenwärtige Informations- und Wissensgesellschaft bei.

Mag. David Hofer
Geschäftsführer LifeTool gemeinnützige GmbH
Aufsichtsratsmitglied ATA Alliance for Technology Access

1 Ausgangslage

Die Vermeidung und der Abbau von Barrieren für Menschen mit Behinderungen in verschiedenen Lebensbereichen der Gesellschaft ist nicht erst seit der Ratifizierung der Konvention der Vereinten Nationen für die Rechte von Menschen mit Behinderungen durch die Vertragsstaaten eine Aufgabe der Politik. Sie stellt auch auf der Basis des Grundgesetzes Bedingungen bereit, um die Teilhabe an Bildung, Wirtschaft, Kultur und Politik zu ermöglichen.

Mit der Zielvorgabe der Inklusion stellen sich derzeit das Bildungs- und die Schulsysteme in den Ländern dafür um. Wo dies bei Beeinträchtigungen durch erworbene oder entwicklungsbedingte Störungen oder Schädigungen eines Menschen spezifisches Reflexions- und Handlungswissen erfordert, übernimmt die Sonder- und Heilpädagogik die Aufgabe, durch individualisierte Unterstützung direkt oder indirekt durch systematische Interventionen und Beratung Problemlagen von Menschen mit Behinderungen im inklusiven Bildungssystem zu bearbeiten. Solche systematischen Interventionen können sich schwerpunktmäßig je nach zu unterstütztendem Entwicklungsbereich des Menschen (z. B. Sprache, kognitive Entwicklung, körperlich-motorische Entwicklung) in adaptiver Unterrichtsgestaltung, Beratung der Regelpädagogen oder auch therapieähnlichen Einzelmaßnahmen in den verschiedenen Domänen, den ‚Fachrichtungen' der Sonderpädagogik, realisieren. Neben den didaktischen Kompetenzen, Unterricht binnendifferenziert für solche heterogenen Lerngruppen zu gestalten oder andere Lehrkräfte in dieser Gestaltung beratend zu unterstützen, können auch spezifische methodische und technologische Kenntnisse erforderlich sein, wenn Schülerinnen und Schüler nur durch körpereigene oder technische Hilfsmittel kommunizieren oder bestimmte Lernmedien wie Computer, Software oder das Internet bedienen und nutzen können.

Im Anwendungsbereich der Methoden und Geräte der Unterstützten Kommunikation und assistiven Informations- und Kommunikationstechnologien, wie Computer, Software oder das Internet in der Schule, fallen Fragen der Pädagogik und Ingenieurswissenschaft zusammen. Während jedoch im Bereich der gesundheitlichen Rehabilitation die therapeutische, sonderpädagogische und technologische Forschung und Arbeit gemeinsame Wege gehen, scheint es insbesondere noch im schulischen Kontext Berührungsängste zu geben. Kompensatorische und defizitorientierte Unterstützung wie therapeutische Maßnahmen sollen dem Gedanken des inklusiven Bildungssystems zuwiderlaufen, da sie durch die vorangegangene Diagnostik und individualisierte Intervention exklusiver Experten (Therapeuten, Sonderpädagogen) die Schülerinnen und Schüler mit Beeinträchtigungen pathologisieren und damit bereits an der diskriminierungsfreien Teilhabe an Bildung und Erziehung zu behindern drohen. Hinzu kommt der Umstand, dass die technologische Kompetenz zur Implementierung, Bedienung und Wartung insbesondere der elektronischen Kommunikationshilfen oft bei den entsprechenden Fachkräften liegt, die diese Materialien und Geräte herstellen oder vertreiben und damit auch wirtschaftliche Interessen vertreten können. Unabhängige Beratungsstellen und Weiterbildungsmaßnahmen in diesem Bereich sind wiederum häufig durch Fachverbände organisiert, die wiederum sozial- und bildungspolitische Ziele verfolgen.

Notwendig ist eine frühzeitige, wissenschaftliche und damit neutrale Auseinandersetzung mit diesem Schnittmengenbereich im Rahmen des Studiums der entsprechenden Fachkräfte. Eigenständige Studiengänge oder Studienfächer im Bereich der Unterstützten Kommunikation gibt es in Deutschland bislang nur wenige. Die spezialisierten Bereiche der Sonderpädagogik, die sich daran beteiligen könnten, insbesondere die Pädagogik bei Beeinträchtigungen der Sprache und des Sprechens sowie die Pädagogik bei Beeinträchtigungen der geistigen sowie körperlich und motorischen Entwicklung, sind in diesem Bereich bislang getrennte Wege gegangen. Inbesondere die ‚traditionelle' Sprachheilpädagogik sah ihre Aufgabe bislang eher in der Anbahnung und Förderung erwartungsgemäßen bzw. der Behebung und Korrektur gestörten, verbalen Sprachgebrauches und weniger in dessen technischen Kompensation. Dies lag sicherlich an der Unterscheidung ihrer schulischen Klientel der beiden Fachrichtungen, die die separative Form der unterschiedlichen Förderschultypen abbildete. Die Sprachheilschule sah sich in diesem Zusammenhang als so genannte Durchgangsschule, unterrichtete nach den Rahmenplänen und Curricula der regulären Grundschule und setzte eine normale Testintelligenz und damit entsprechende sprachliche und kognitive Entwicklungsfähigkeit für einen unauffälligen Sprachgebrauch voraus, die keine kompensierenden Maßnahmen zur Förderung unterstützter und alternativer Kommunikationsfähigkeit ihrer Schülerinnen und Schüler erforderte.

Mit der inklusiven Umstrukturierung der deutschen Schulsysteme in den Ländern werden sich auch die Aufgaben und Zuständigkeitsbereiche der Sonderpädagogen mit den bisher unterschiedenen Fachrichtungen verändern. Sie werden in erster Linie in der Beratung der Regelpädagogen zur Umsetzung binnendifferenzierten Unterrichts für heterogene Lerngruppen und die direkte, aber subsidiäre Unterstützung im Unterricht mit einzelnen Schülerinnen und Schülern bestehen. Eine große Herausforderung wird in der Überschneidung der bisherigen Spezialisierungen bestehen. Für die schulischen Förderschwerpunkte Sprache und geistige Entwicklung wird durch den Wegfall ihrer institutionellen Entsprechungen in Form von separaten Schultypen die Möglichkeit bestehen, ihre gemeinsamen Bezugswissenschaften und Zielsetzungen in der Förderung von Menschen mit Störungen der Kommunikationsfähigkeit zu bündeln. Die pädagogische Arbeit mit unterstützt kommunizierenden Menschen kann zur gemeinsamen Aufgabe der bisher unterschiedenen Domänen der Sonderpädagogik werden. Das dafür die Voraussetzungen auf den Ebenen der Hochschulausbildung, der schulischen Praxis und den professionstheoretischen Selbstverständnissen erst noch entwickelt werden müssen, zeigte in jüngster Zeit *Boenisch* (2008) deutlich auf.

Aus dieser Problemsituation heraus entstehen zunehmend Verbünde und Netzwerke aus Universtäten, Verbänden, Herstellern und Firmen, insbesondere moderner, assistiver Kommunikationstechnologien[1], die im Forschungs- und

---

[1] Mit assistiven Technologien wird der Versuch einer Übersetzung des englischen Begriffes „Assistive Technology“ (AT) unternommen. Solche Unterstützungstechnologien können barrierefreie, moderne Informations- und Kommunikationstechnologien (IKT) darstellen, also z.B. Spracheingabefunktionen, Bildschirmtastaturen oder Vergrößerungssoftware. Im österreichischen Sprachraum wird der Begriff Assistierende Technologien verwendet. Im Sozial- und Gesundheitswesen wird in Anlehnung an das deutsche Hilfsmittelverzeichnis der Gesetzlichen Krankenversicherungen teilweise allgemeiner von technischen Hilfsmitteln gesprochen.

Weiterbildungssektor des praktischen und theoretischen Schnittmengenbereiches zusammenarbeiten. In Niedersachsen beschlossen im Frühjahr 2009 die TfB GmbH, als Vertrieb von Medien und Technik zur Unterstützten Kommunikation im Gebiet Niedersachsen, vertreten durch *Dipl.-Ing. Ulf Martel*, die LifeTool gemeinnützige GmbH, als Entwickler von Lern- und Therapiesoftware und Einrichtung zur Beratung von Hard- und Softwarelösungen zur unterstützten Kommunikation in Österreich, vertreten durch *Mag. David Hofer*, sowie *Dr. Jörg Mußmann* von der Justus-Liebig-Universität Gießen[2], ein Kooperationsprojekt zur Evaluation von ausgewählter Lern- und Übungssoftware.

Das Projekt „DigiPart – Digitale Partizipation“ sollte neben der Software-evaluation auch die fachlichen und organisatorischen Bedingungen der Einrichtungen erfassen, in denen die Software zum Einsatz kam, sowie die methodisch-didaktische Einschätzung der anwendenden Lehrkräfte rekonstruieren. Damit wurden sowohl Fragen der Produktentwicklung, der Vertriebsökonomie, als auch der Praktikabilität aus fachwissenschaftlicher Sicht verfolgt. Der Anspruch einer statistisch validen Effektivitätsprüfung der evaluierten Software wurde hier nicht erhoben. Die hier vorgestellten Ergebnisse der Befragung von Lehrkräften, sowohl zu ihren Rahmenbedinungen für die pädagogische Arbeit mit assistiven Informations- und Kommunikationstechnologie für unterstützt kommunizierende Kinder und Jugendlichen, als auch ihren Einschätzung von Lernsoftware soll als Erkundungsstudie mit vorgestellten Kriterien und Methoden exemplarische Impluse liefern für weiterführende interne und externe Evaluationen der schulischen Arbeit in diesem Bereich.

[2] Zum Zeitpunkt der Datenerhebung an der Leibnitz Universität Hannover, der für die Bereitstellung der erforderlichen Infrastruktur an dieser Stelle gedankt wird.

2 Theoretischer Hintergrund

2.1 Sprache als Medium der Kommunikation: Vom Blick zum Bit

Sprache begleitet das ganze Leben. Mit ihr können wir uns anderen Menschen lautlich, schriftlich, gestisch und auch über Bilder von Angesicht zu Angesicht, oder über weite Strecken, jetzt oder mit Verzögerung, mitteilen und andere Menschen verstehen. Die Medien dieser sprachlichen Verständigung sind die Medien dieser Welt: Augen, Ohren, Mund, der ganze Körper; Schallwellen, Schrift- und Bildzeichen in Büchern oder auf Schildern oder digital über binäre Codes im Internet.

Sprache gibt Begriffe für Wahrnehmungen und Ausdrücke. Mit ihr können Ideen und Wünsche in Worte gefasst werden. Sie strukturiert das Denken und hilft, sich selbst zu verstehen. Sprachliche und kommunikative Fähigkeiten sind Voraussetzungen für die Teilhabe am sozialen, kulturellen und politischen Leben. Die zunehmende Komplexität und Flexibilität der beruflichen Anforderungen in einer globalisierten Welt erfordern vielseitige Qualifikationen der Menschen. Sprachliche und kommunikative Fähigkeiten stellen dabei Schlüsselqualifikationen dar und tragen maßgeblich zu einem erfolgreichen Bildungsverlauf bei. Schriftliche und mündliche Sprache ist das zentrale Medium schulischen Lernens und sozialen Handelns. Verhalten ist über verbale und nonverbale Zeichen lesbar. Menschen handeln über sprachliche und nicht-sprachliche Zeichen. „Die Sprache ist nichts anderes als spezialisierte und konventionalisierte Fortführung des gemeinsamen Handelns" (*Braun* 2002, 172). Sprachliche Bildung, Förderung und sprachtherapeutische Rehabilitation erhalten daher für Menschen mit lautsprachlichen Beeinträchtigungen eine besondere Bedeutung. Denn Menschen mit einer angeborenen oder erworbenen Behinderung, nach Unfällen oder Schlaganfällen haben häufig starke Einschränkungen beim Sprechen. Damit ist die Einschränkung an der Teilhabe an der Gesellschaft verbunden. Im Kindesalter ist die Teilnahme am Unterricht nur schwer möglich.

Spezifische Beeinträchtigungen führen bereits zu Beeinträchtigungen grundlegender, vorsprachlicher und sprachbegleitender Fähigkeiten und Funktionen. Sie können die kognitive Entwicklung, die Motivation, das Selbstvertrauen und das Bedürfnis, sich mitzuteilen, stören oder verzögern. Bei Kindern mit schweren Beeinträchtigungen der motorischen und geistigen Entwicklung ist der Spracherwerb fast immer verzögert und gestört. Die ätiologiespezifischen und schädigungsbedingten Veränderungen und Verzögerungen stehen in einer rekursiven Interdependenz zu allen anderen kognitiven, sozialen und emotionalen Entwicklungsbereichen. Weiterhin haben viele dieser „Kinder auch Störungen des Sehens und Hörens sowie Wahrnehmungsschwächen in visuellen, auditiven, taktilen und kinästhetischen Bereichen, die eine bedeutungsbezogene Verarbeitung von Informationen erschweren und Erfahrung und Lernen in spezifischer Weise verändern können" (*Wilken* 2002, 6).

2.2 Bedarf an Konzepten der UK und Sicht der Sonderpädagogik

Der Anteil an Kindern mit schweren körperlichen und geistigen Beeinträchtigungen und damit schwerwiegenden Problemen ihren sprachlichen Ausdrucksformen nimmt in vorschulischen und schulischen Einrichtungen zu. Dies ist zurückzuführen auf medizinisch-technische Möglichkeiten der Entwicklungsförderung, Therapie und Reanimation bei extremer Frühgeburt, angeborenen, seltenen Syndromen mit progressivem Verlauf oder Unfällen wie Ertrinken oder Hirnverletzungen. Durch diese Zunahme der schwer und mehrfach beeinträchtigten Kinder ist der Anteil der Kinder deutlich gestiegen ist, die nicht, oder stark eingeschränkt, an verbaler Kommunikation teilnehmen können.

Der Anteil der Schülerinnen und Schüler ohne Lautsprache an Schulen mit dem Förderschwerpunkt Körperliche und motorische Entwicklung liegt in Niedersachsen bei 6 %, der Bundesdurchschnitt liegt bei 20 % (*Boenisch* 2008, 453; n=2291). „Mit einem Anteil von 40 % bis 60 % an den Schulen mit dem Förderschwerpunkt Geistige Entwicklung liegt der Bedarf an Kommunikationsförderung bei Schülern ohne (verständliche) Lautsprache noch einmal deutlich höher" (ebd.). *Wilken* (2002, 1) beziffert diesen Anteil in Förderschulen mit dem Schwerpunkt „Geistige Entwicklung" in Deutschland auf 20 bis 40 %. Aber auch bei Kindern mit spezifischen körperlichen Beeinträchtigungen und auch mit Autismus schätzt sie den Anteil als sehr hoch ein. Und „auch bei Erwachsenen in Heimen und Werkstätten ist das Problem fehlender Verständigungsfähigkeit eine neue Herausforderung, die nach angemessenen Lösungen verlangt“ (ebd.).

Der Bedarf an sonderpädagogischer Unterstützung mit Medien und Technologien der UK setzt sich bis ins hohe Alter fort. Ebenso kann der Bedarf an Sprach- und Kommunikationsförderung durch UK im Erwachsenen- oder höheren Alter erst entstehend, z.B. unter den Bedingungen von zentral bedingten Sprach- und Sprechstörungen (Aphasie, Dysarthrien, Sprechapraxien) in Folge eines Schlaganfalles, Schädel-Hirn-Traumas, einer Gehirnentzündung oder Sauerstoffunterversorgung.

Aus einer interdisziplinären Perspektive zwischen Bildung, Erziehung, Sprachtherapie und den technischen Bedingungen, sozusagen einer sonderpädagogisch-ingenieurswissenschaftlichen Perspektive, ist es notwendig, die individuellen Voraussetzungen und Möglichkeiten zu erfassen und die Bedürfnisse und Interessen des Kindes und seiner Bezugspersonen zu erkennen, um angemessene, individualisierte Unterstützung vorzuhalten. Dabei ist es wichtig, persönliche, technische Hemmschwellen und eine „zu enge Zielsetzung bezüglich der verbalen Sprache zugunsten einer möglichst effektiven Kommunikationsfähigkeit zu überwinden“ (*Wilken* 2002, 2).

Die Implementierung systematischer Konzepte zur UK in Aus- und Fortbildungsgängen entsprechender Ausbildungs- und akademischer Berufe wie Heil- und Sonderpädagogen, Sprachtherapeuten und Heilerziehungspfleger liegt jedoch weit hinter der rasanten, ingenieurswissenschaftlichen Entwicklung der technischen Möglichkeiten, die durch wirtschaftliche Betriebe für Rehabilitationstechnik angeboten werden. Fort- und Weiterbildungen nehmen diese Betriebe im Rahmen von Produktpräsentationen meist selbst vor. Hier entstehen zu reflektierende Interessenkonflikte zwischen Wirtschaftlichkeit und ethischer Verantwortung pädagogischer und therapeutischer Arbeit.

Die Perspektive der Sonderpädagogik auf die Möglichkeiten der Unterstützten Kommunikation und der Informations- und Kommunikationstechnologien kann hingegen zwischen Betroffenen, Angehörigen, therapeutischen Helfern, Lehrkräften und Ingenieuren vermitteln. Die Öffnung zu anwendungsorientierten Forschungsbereichen für verwertbaren Output in Sprach- und Ergotherapie, in Schule und Rehabilitation ist dabei notwendig.

2.3 UK: Was ist das? (zusammen mit Lena Weusthoff)

In den 70er Jahren wurden einzelne Publikationen veröffentlicht, die sich mit der Thematik Unterstützte Kommunikation beschäftigten. Eine ernsthafte Auseinandersetzung mit Konzepten und Methoden der UK setzte aber erst mit der 1990 gegründeten, deutschsprachigen Sektion von ISAAC (*International Society for Augmentative and Alternative Communication*) ein. *Ursula Braun, Ursi Kristen* und *Bärbel Weid-Goldschmidt* sind als maßgebliche Gründerinnen zu nennen, welche die bereits seit 1983 in Kanada bestehende Gesellschaft ISAAC auch in Deutschland publik machten (*Hedderich* 2006, 51). Durch die Arbeit der benannten Pädagoginnen als Lehrkräfte an Schulen für Körperbehinderte erlangte das Gebiet der Unterstützten Kommunikation in Deutschland eher als sonderpädagogische Fachrichtung Anerkennung und wird dieser noch heute primär zugeordnet. Als Teil der sprachtherapeutischen Praxis ist die Unterstützte Kommunikation eher seltener vertreten. Dies ist auch an der häufig festzumachenden Ablehnung des Feldes Sprachheilpädagogik gegenüber dem Fachgebiet festzumachen (*Braun* 2005, 5).

Sonderpädagogische Konzepte der Unterstützten Kommunikation (UK) versuchen heute individuelle Kommunikationssysteme mit körpereigenen und körperfremden Medien zu entwickeln, damit für die Betroffenen und ihre Bezugspersonen eine effektivere Verständigung möglich wird. Neben körpereigenen Kommunikationsformen wie Gebärden können elektronische Hilfsmittel bzw. Hard- und Software zum Einsatz kommen, um die Kommunikation zu unterstützen, zu ergänzen oder zu ersetzen.

Das Verhältnis von körpereigenen, „natürlichen“ Vermittlungsformen und oftmals kostspieligen technischen, prothetischen Alternativen, die auch Sachkenntnis der Therapeuten erfordern, wird kontrovers diskutiert. Gerade in der Sonderpädagogik, die Integrationsprozesse zwischen Bildung, Erziehung und Therapie ermöglichen soll, muss daher diese Diskussion fortgeführt und das Problembewusstsein für die sich ergebenden speziellen Erfordernisse der Kommunikationsunterstützung geschaffen werden, damit Kindern und Erwachsenen mit eingeschränkter Verständigungsfähigkeit entsprechende Hilfen angeboten werden (vgl. *Wetzel* 1995). In der pädagogischen und therapeutischen Ausbildung müssen entsprechende Kenntnisse vermittelt werden, „damit in familiären und weiteren sozialen Alltagsbeziehungen, in vorschulischen und schulischen Einrichtungen, im Freizeit-, Berufs- und Wohnbereich angemessene Hilfen für diesen Personenkreis selbstverständlich werden“ (*Wilken* 2002). Die Sonderpädagogik will daher in ihrer Ausbildung von Lehrkräften und außerschulischen Helfern die Grundlagen der Sprachentwicklung und ihrer Störbarkeit, insbesondere durch körperliche Beeinträchtigungen sowie deren sozial-emotionalen und kognitiven Folgen als Bedingungen für erschwerte Lern- und Bildungsprozesse, berücksichtigen. Sie kann diese besonderen erziehungs- und bildungswissenschaftlichen Problemthemen anderen Heilberufen vermitteln, z.B. durch Fortbildungen.

Die Unterstützte Kommunikation bezeichnet ein Forschungs- und Anwendungsgebiet, das sich mit den kommunikativen Möglichkeiten von Menschen ohne bzw. ohne verständliche Lautsprache befasst und versucht, diese zu verbessern und zu erweitern. Es kann von der Sonderpädagogik, Erziehungs- und Bildungswissenschaft, Medizin, den Heilberufe und Ingenieurswissenschaften gleichermaßen bearbeiten werden. Im internationalen Sprachgebrauch wird die Bezeichnung Ergänzende und Alternative Kommunikation verwendet (AAC = Augmentative and Alternative Communication).

Es gibt keine grundlegenden Voraussetzungen die ein Mensch für den Einsatz von Unterstützter Kommunikation erfüllen muss. Kein Mensch ist zu jung oder zu alt und keine Behinderung oder Erkrankung zu schwerwiegend um den Umgang mit einer Kommunikationshilfe zu erlernen (*Boenisch* 2009, 258). „ (A)llein die Tatsache, dass ein Mensch atmet, kann den Einsatz von therapeutischen Maßnahmen der unterstützten Kommunikation rechtfertigen.“ (*Kristen* 2002, 20)

Entscheidend für den Einsatz von UK ist lediglich die Erkenntnis, dass die individuellen Möglichkeiten zur Kommunikation einer Person nicht ausreichen, um die Kommunikationsbedürfnisse des alltäglichen Lebens zu befriedigen (*Kristen* 2005, 19). Durch den Einsatz von Methoden und Technologien der Unterstützten Kommunikation soll den Menschen, die Defizite in der lautsprachlichen Entwicklung aufweisen, geholfen werden, ihre kommunikativen Möglichkeiten auszuschöpfen und zu erweitern. Unabhängig davon, ob diese auf Grund von angeborener oder erworbener Behinderung oder Verletzungen entstanden sind.
Die folgende Einteilung der Anwender von Unterstützter Kommunikation in verschiedene Gruppen soll die individuellen Voraussetzungen, denen der Einsatz von UK gerecht werden kann, die Funktion der Unterstützten Kommunikation im jeweiligen Kontext und die dabei verfolgten Ziele aufzeigen. Die genannten Aspekte können mit Hilfe einer solchen Differenzierung leichter dargestellt werden, bei der praktischen Umsetzung sollte jedoch die Individualität des Nutzers im Vordergrund stehen. Nicht immer lässt sich eine Person speziell einer Gruppe zuordnen, was auch nicht das Ziel der Arbeit der UK sein kann (*v. Tetzchner/ Martinsen 2000*, 62ff).

Nach *v. Tetzchner/ Martinsen* (2000, 80ff) werden die Gruppen wie folgt differenziert:

UK als Ausdrucksmittel (*Expressive Communikation*)

Der Einsatz der Unterstützten Kommunikation wird als expressives Kommunikationsmittel bezeichnet, wenn dieser bei Menschen stattfindet, deren Sprachverständnis nicht wesentlich beeinträchtigt ist, sie sich jedoch nicht lautsprachlich ausdrücken können. Beispielsweise ist bei Kindern mit Cerebralparese ein gut ausgeprägtes Sprachverständnis festzustellen, während sie auf Grund mangelnder Kontrollfähigkeit ihrer Sprechorgane nicht in der Lage sind, sich lautsprachlich mitzuteilen. Die Kluft zwischen Sprachverständnis und Sprachausdruck soll durch den Einsatz von Kommunikation verringert beziehungsweise aufgehoben werden. Die Formen der Unterstützten Kommunikation stellen eine ständige und notwendige Hilfe dar, da in dieser Gruppe die Nutzer eingeschlossen werden, die die Lautsprache nicht erlernen werden.

UK als Hilfe zum Spracherwerb (*Augmentative Communication*)

Wird die Unterstützte Kommunikation als assistives Medium der Lautsprache eingesetzt, wird eine Einteilung in zwei weitere Untergruppen vorgenommen. Die erste Gruppierung umfasst die Nutzer, die auf Grund einer Behinderung oder anderen Entwicklungsstörungen die Lautsprache verzögert erlernen. Oft leiden diese an Störungen wie entwicklungsbedingter Dysphasie und sollen mit der Hilfe von UK eine Unterstützung in der Entwicklung des Spracherwerbs erlangen. Der Einsatz von Methoden und Technologien ist hierbei weder für die betroffene Person noch für das soziale Umfeld als Ersatz für die Lautsprache anzusehen, sondern dient als Vorbereitung und Förderung des Erwerbs der Lautsprache. Müssen Menschen für einen gewissen Zeitraum auf die Lautsprache verzichten, wie dies nach Kehlkopfoperationen der Fall sein kann, wird die Unterstützte Kommunikation als vorübergehende Hilfe und zum gleichen Zweck eingesetzt.

Zur zweiten Untergruppe, der Situationsgruppe, werden Personen gezählt, die sich nur schwer verständlich ausdrücken können. Als Beispiel werden Menschen mit Down- Syndrom genannt. Unterstützte Kommunikation wird in diesem Fall nicht als Hauptkommunikationsmittel, sondern als Ergänzung zur Lautsprache angesehen (*Kristen* 2005, 15). Betroffene haben zwar die Lautsprache erlernt und nutzen diese auch, um sich mitzuteilen, jedoch ist die Verständlichkeit des Ausdrucks nicht immer gegeben. Inhalt, Umgebung und Interaktionspartner wirken sich stark auf den Erfolg der Kommunikation aus. Um diesen jedoch stetig zu gewährleisten, werden unterstützend Elemente der UK eingesetzt. Kennzeichnend für beide Subgruppen ist das Ziel, auf das Unterstützte Kommunikation unter diesen Umständen abzielt: den möglichst umfassenden Einsatz und das Verständnis der Lautsprache.

Unterstützte Kommunikation als Ersatzsprache (*Alternative Communication*)

Sind Personen kaum oder gar nicht in der Lage, ihre Lautsprache als Kommunikationsmittel einzusetzen, erleben sie mit der Unterstützten Kommunikation eine Ersatzsprache, mit der sie ihr Leben lang kommunizieren werden. Zu dieser Gruppe können autistische oder schwer geistig behinderte Menschen gezählt werden.

Daher muss sich auch die Peergroup mit dieser Form der Kommunikation beschäftigen und sie sowohl anzuwenden als auch zu verstehen lernen. Ziel ist es, eine Basis schaffen, auf der die Person sich ohne kommunikative Defizite entwickeln kann und der Umgang mit UK durch das Schaffen von günstigen Voraussetzungen ermöglicht wird. Das Sprachverständnis zu fördern stellt ein weiteres Element der Arbeit dar.

In allen Fällen kann es sich um Gebärden, graphische Symbole oder Schrift sowie um sehr unterschiedliche technische Hilfen mit und ohne Sprachausgabe handeln.

Bei den elektronischen Hilfen wird zwischen Geräten mit und ohne Sprachausgabe unterschieden. Das Fortschreiten der Entwicklung in der computerunterstützten Kommunikation trägt dazu bei, dass immer komplexere Hilfen entwickelt werden. Für Menschen, die in ihrer Motorik stark eingeschränkt sind, bieten die elektronischen Hilfen wirksame Kommunikationsmöglichkeiten. Der Einsatz erfordert eine enge Zusammenarbeit aller Bezugspersonen, denn wenn die Benutzung erfolgreich verlaufen soll, müssen auch die Bezugspersonen über die Bedienung und die Benutzung informiert sein.

2.3.1 Elektronische Hilfen ohne Sprachausgabe

Unter die Geräte ohne Sprachausgabe fallen einfache Geräte, wie z.B. der Talker, bei dem über Bedienelemente bestimmte Felder ausgewählt werden können und der handelsübliche PC. Die Bedienung dieser Geräte kann über mehrere Möglichkeiten realisiert werden. Je nach motorischen Fähigkeiten können spezielle Druck- und Kippschalter, Maus, Trackball, Joystick, Lichtsender, Sensoren, Flächenjoystick, Spezialtastaturen und Saug- und Blasschalter eingesetzt werden (vgl. *Kristen* 2000, 74ff.).

Viele Geräte ohne Sprachausgabe funktionieren über mechanische oder technische Zeigehilfen. Hierbei rotiert z.B. ein Pfeil auf einer Auswahltafel, die mit Bildern, Fotos etc., bestückt ist. Der Pfeil wird bei dem ausgewählten Bild mittels eines Schalters oder durchlaufenden Lichtpunkts gestoppt. Die Anordnung der Bilder kann tabellarisch oder in Form einer Uhr gestaltet sein. Bei der Benutzung von Auswahltafeln ist eine spontane Kommunikation nicht möglich, da die Benutzung eine Vorbereitungszeit erfordert (vgl. *Arnusch/ Pivit* 1996, 24).

2.3.2 Elektronische Hilfen mit Sprachausgabe

Bei den Geräten mit Sprachausgabe haben die Benutzer mehr Möglichkeiten zur Kommunikation als mit Geräten ohne Sprachausgabe. Sie sind nicht mehr auf einen Gesprächspartner angewiesen. Sie können bspw. Mitteilungen machen, auch wenn der Kommunikationspartner nicht unmittelbar in ihrer Nähe ist, sogar das Telefonieren wird möglich. Weiterhin haben sie die Möglichkeit, Gespräche mit vielfältigen Intentionen zu initiieren. Sie können schimpfen oder spontane Ausrufe tätigen. „Eine Stimme haben, heißt auch mitbestimmen zu können" (*Weid/Goldschmidt* 1994, 34). Es werden sogar Gespräche mit anderen nichtsprechenden Menschen möglich. Auch mit fremden Menschen kann kommuniziert werden, welche die körpereigenen Ausdrucksformen nicht verstehen würden.

Bei den Geräten mit Sprachausgabe wird unterschieden zwischen den Kompaktgeräten, die als Sprech-Ersatz-Geräte konzipiert sind und den tragbaren Kleincomputern, wie Laptop, Notebooks etc. Beide Varianten können mit einer natürlichen oder synthetischen Stimme versehen werden (vgl. *Weid-Schmidt* 1994, 35). „Die natürliche Sprachausgabe ist eine menschliche Leih-Stimme" (*Arnusch/Pivit* 1996, 25), die auch als digitalisierte Sprachausgabe bezeichnet wird. Diese wird meist von einer bekannten Person aufgenommen und in dem Gerät gespeichert. Die natürliche Stimme ist frei wählbar und durch die Verbesserung der Geräte immer besser zu verstehen (ebd.). Bei der natürlichen Sprachausgabe ist der Benutzer nicht so unabhängig. Er kann nur die Wörter, Ausdrücke oder Sätze verwenden, welche die Leihstimme aufgenommen hat. „Der Benutzer ist somit zunächst immer auf den Helfer angewiesen" (ebd., 35). Die synthetische Stimme setzt die Buchstaben in die dazugehörigen Laute um, die sich dann weiter zu Wörtern zusammensetzen. Die Intonation der Stimme passt sich den Aussagen an. Wenn der Benutzer eine Frage formuliert, ist die Betonung der Aussage auch dementsprechend. „Bei den Geräten mit synthetischer Sprachausgabe wird alles sagbar"

(*Weid-Schmidt* 1994, 35). Der Wortschatz ist unbegrenzt, bzw. hängt von der Speicherkapazität des Geräts ab. Das Problem bei der synthetischen Stimme ist der künstliche Charakter. Vielen Benutzern fällt es schwer, die Stimme anzunehmen. Bei der Benutzung von elektronischen Geräten können die Gesprächsthemen vom Benutzer selbst bestimmt werden. Sie können somit eigeninitiativ an Kommunikation teilhaben und Gesprächsverläufe mit gestalten.

Der Umgang mit assistiven Medien der Kommunikation (UK) stellt die Voraussetzung für den Umgang mit assistiven und adaptiven Formen der Informations- und Kommunikationstechnologie (IKT) dar. Der Umgang mit sonderpädagogisch und therapeutisch relevanter Informationstechnologie, also auch spezielle Software zur Förderung von Sprache und Kognition für Menschen mit entwicklungsbedingten oder erworbenen Beeinträchtigungen, kann den Umgang mit Formen der modernen Kommunikationstechnologie (z.B. E-Mail, Internet) begünstigen und damit gesellschaftliche Teilhabe fördern und ermöglichen.

2.3.3 Notwendigkeiten und Probleme im Schnittstellenbereich von UK und IKT

Insgesamt besteht in Forschung und Praxis der UK Einigkeit, dass die Anbahnung erweiterter und/oder alternativer Mitteilungsformen zur Förderung der Kommunikationsfähigkeit von Menschen ohne oder mit rudimentärer Lautsprache durch schwere Entwicklungsbeeinträchtigungen oder erworbene Schädigungen möglichst früh beginnen sollte (*Koerselmann* 1999; *Kristen* 1999). Die Folgen ausbleibender oder spät einsetzender Förderung auf die Persönlichkeitsentwicklung und die Partizipation bei lautsprachlich eingeschränkten Kindern sind schwerwiegend. Hör- oder sichtbare Ausdrücke ohne früh einsetzende, systematische sonderpädagogische Förderung unter Einbezug technischer Kompensationsmöglichkeiten werden oft missverstanden oder erst gar nicht als kommunikative Offerte identifiziert. Elementare Bedürfnisse des Menschen bleiben so unbefriedigt (*Kristen* 1999). Daraus resultierende Verhaltensauffälligkeiten bzw. aus Sicht der Bezugspersonen nicht erwartungsgemäße Verhaltensweisen reduzieren in einem zirkulären Prozess sukzessive die Wahrscheinlichkeit der kommunikativen Motivation der Betroffenen und die Verstehensbereitschaft der Bezugspersonen.

Spezifische elektronische Medien der UK stellen bei Menschen mit schweren körperlich-motorischen, aber weiterentwickelten lautsprachlichen und sprachsystematischen Fähigkeiten weiterhin eine technologische Grundvoraussetzung dar für die Teilhabe an den verschiedenen digitalen telekommunikativen Möglichkeiten des Internets (E-Mail, SMS, Chats oder Foren). Eine ausbleibende individualisierte Unterstützung über technologisch kompatible, elektronische Medien der UK führt damit zu einer weiteren Facette des „digital divide“ (*Zilien* 2006, vgl. im Kontext Sonderpädagogik auch *Mußmann* 2010).

Im Rahmen von Public-Partnership-Projekten (in Niedersachsen das Aktionsprogramm n-21) werden seit geraumer Zeit Regel- und Förderschulen mit Unterrichtsmaterialien, Lernumgebungen aus Hard- und Software und Online-Angeboten versorgt und Lehrkräfte im IT-Bereich fortgebildet. Einer Kompatibilität der Medien mit den pädagogischen Zielen für unterstützt kommunizierende Schülerinnen und Schüler mit schweren Entwicklungsbeeinträchtigungen wurde dabei nicht genauer nachgegangen. Software (Lernprogramme) und Hardware (Technologien der UK), die auf die individuellen verbalen und nonverbalen Problemlagen der Schülerinnen und Schüler mit schweren Entwicklungsbeeinträchtigungen eingehen, können zur Förderung der Medien- und Internetkompetenz und damit zur Verbesserung ihrer Partizipationsmöglichkeiten in der Gesellschaft beitragen. Der gezielte Einsatz von adaptiver Software zur Förderung kognitiver und sprachlich-kommunikativer Fähigkeiten entwicklungsbeeinträchtigter Kindern und die Unterstützung ihrer Anwendung und Bedienung der Computer durch entsprechende assistive Hardware stellt einen Schritt zur umfassenderen Förderung der digitalen, gesellschaftlichen Teilhabe über den selbstbestimmten Umgang mit Informations- und Kommunikationstechnologien (IKT) dar.

Der Anschaffung der elektronischen Geräte stehen jedoch oft hohe Kosten gegenüber. Meist ist ein Kauf ohne die Zuschüsse der Krankenkasse nicht möglich. Außerdem ist die Bedienung dieser Geräte meist sehr komplex. Der erfolgreichen

Benutzung muss eine intensive Einarbeitungszeit vorausgehen, die nicht nur der Benutzer, sondern alle Bezugspersonen zu leisten haben.

Diese Möglichkeiten sowie die erschwerenden Bedingungen sollten im Rahmen des Projektes DigiPart am Beispiel ausgewählter Software, die in niedersächsischen Schulen zum Einsatz kam, näher beleuchtet werden.

2.3.4 Exkurs: Umgang mit IKT als Medium der Sprachförderung unterstützt kommunizierender Kinder

Der Einsatz moderner Medien in der schulischen Sprachförderung ist sicher ein innovatives, aber kein selbstverständliches Thema. In der allgemeinen Unterrichtsforschung wird die Nutzung moderner und technischer Medien (Computer, Internet) im Unterricht (in Deutschland maßgeblich *Mandl/ Gruber/ Renkl* 2002) vertiefend thematisiert. Es wurde, mit umfangreichen Bezügen zu angloamerikanischer Forschung (*Lave/ Wenger* 1991), eine Vielzahl von Ansätzen zum *design of situated learning enviroments* (vgl. *Jeon-Im/ Hannafin* 1995; *Hohnebein* 1996) mit modernen Medien entwickelt. In der internationalen Unterrichtsforschung zeigte die *Information Technology in Education Study Modul 2* (*Kozma/ McGhee* 2003), dass die Einführung von modernen Informations- und Kommunikationstechnologien „zu einer stärkeren Betonung der beratenden und anleitenden Aspekte der Lehrerrolle führt, mit einer intensiveren Nutzung von projektartigen und selbstgesteuertes sowie kollaboratives Lernen unterstützenden Unterrichtsformen einhergeh[t]" (*Urban/ Werning* 2006, 10), damit auch Ressourcen sprachspezifischer peer-learning-Prozesse (vgl. *Lütje-Klose* 1997, S. 310f., S. 358ff.; *Werning/Lütje-Klose* 2006, S. 165) freisetzt und auch Anlässe für fachlich begründete, individualisierte Interventionen zur Sprachförderung durch die Lehrkräfte bietet.

Die Nutzung moderner Kommunikations- und Datenverarbeitungsmedien in der sonderpädagogischen Förderung reduziert sich häufig auf computergestützte Therapieprogramme oder findet sich außer- oder nebenschulisch als einzeltherapeutische Heilbehandlung wieder. Für die schulische Arbeit gibt es kaum theoretisch fundierte Konzepte und Forschungsergebnisse dazu.

Der Nutzung moderner Medien im Klassenraum stehen häufig sehr pragmatische Probleme im Wege wie z.B. finanzielle Gründe (technische Ausstattung der Förderschulen), rechtliche Aspekte und Vorbehalte der Lehrkräfte (Jugendschutz), unterschiedliche Interessen und Kompetenzen der Schülerinnen, Schüler und Lehrkräfte. Die Notwendigkeit der Erlangung von Medien- und Internetkompetenz in der Schule durch und gerade für das Internet ist jedoch unbestritten (*Baacke 1997; Werning/ Urban* 2006). Mit der Verbreitung moderner Medien und Möglichkeiten der Internetnutzung in fast allen Lebensbereichen ist die Förderung zur Fähigkeit eines kritischen und reflektierten Umganges nahe liegend. In einer Studie für den sonderpädagogischen Förderschwerpunkt Lernen haben *Werning/ Löser/ Uhde* (2006) anschaulich verdeutlicht, dass „das Internet für viele Schülerinnen und Schüler (...) zur alltäglichen Lebenswelt", insbesondere für Schüler im Sekundarbereich, gehört. Allerdings bietet das Internet den Schülern auch gleichzeitig eine „ungeheure Flut von ungeordneten und kontingenten Daten bzw. Informationen mit sehr unterschiedlicher Qualität. [...] Die Gefahr liegt im *informational overflow*, d.h. einer Überfrachtung mit Sinneseindrücken, die paralysieren, demotivieren, manchmal auch süchtig machen kann" (*Werning/ Daum/ Urban* 2005).

Diese textuelle und informationelle Komplexität bietet umfangreiches Sprachmaterial, auf das systematisch und gleichzeitig, durch ihre Flexibilität, lebensweltorientiert zur spezifischen Sprach- und Kommunikationsförderung zugegriffen werden kann. In der Nutzung von Computer und Internet zeichnen sich bei näherer Betrachtung zwei Aspekte der Zielrichtungen zur spezifischen Sprachförderung ab (vgl. *Mußmann* 2010):

1. Der handelnde Umgang mit der Hard- und Software (Computer und Programme) als Lernarrangement mit grafischer, räumlich und thematisch bedingter, immanenter Sprachstruktur (Fachbegriffe, komplexe Syntax durch Begründungen und Erklärungen oder räumliche Anordnungen von Hardwareteilen, Programmelementen oder Komposition grafischer Abbildungen).

2. Es vollzieht sich ein selbstgesteuerter, semiotischer Lern- und Erfahrungsprozess durch die Symbolkomplexität sowie die kommunikations- und zeichentheoretischen Spezifika des Internets.

3 Ziel und Methode des Projektes

Die professionelle und theoretische Entwicklung unterstützter Kommunikation in Deutschland ist durch verschiedene Studien belegt (z.B. *Leyendecker/ Thiele* 2001; *Boenisch* 2003; *Renner* 2004; *Van der Meulen* 2005; *Lage* 2006; *Kaufmann 2006; Boenisch/ Musketa/ Sachse* 2007; *Seiler-Kesselheim* 2008; *Thiele* 2008).

Bedarfserhebungen aus der Sicht von Fachkräften führten *Coon/ Kremer* (1992), *Adam et al.* (1996), *Oskamp/ Fassbender* (1997), *Fröhlich/ Kölsch* (1998), *Bundschuh/ Herbst/ Kannewischer* (1999) sowie *Theunissen/ Zieme* (2000) durch. *Jödecke* (2002), *Assmann/ Jödecke/ Nündel/ Sachse* (2002) verbanden ihre Erhebung im ostsächsischen Raum mit einem Beratungsangebot für die untersuchten Einrichtungen. Aus der Konstatierung des Bedarfes an Entwicklung, Implementation und Evaluation kommunikationsfördernder, assistiver Hardware wird ein ebenso hoher Bedarf an adaptiven Medien der IKT an diesen Schulen geschlussfolgert.

Die benannten Studien wurden vor allem an Schulen mit dem Förderschwerpunkt Körperliche und motorische Entwicklung, sowie Geistige Entwicklung durchgeführt. Diese Untersuchungen sind stark deskriptiv orientiert und wollen einen Überblick über die derzeitige Praxis verschaffen. Für Niedersachsen lagen bis zum Untersuchungszeitpunkt bisher keine Ergebnisse vor.

3.1 Ziele

Zielsetzungen und Fragestellungen des Projektes waren:

- Eine Analyse der pädagogischen Angebote im Bereich moderner Technologien zur Sprach- und Lernförderung unterstützt kommunizierender

Schülerinnen und Schüler mit schweren Entwicklungsbeeinträchtigungen vorzunehmen, die ausgewählte niedersächsische Förderschulen (ggf. auch Integrationsklasse) vorhalten: *Welche Technologien werden in Schulen zur UK angeboten?*

- Eine Analyse der professionellen Konzepte und Zielsetzungen der Lehrkräfte an niedersächsischen Förderschulen (ggf. auch in Integrationsklasse), die verschiedene Medien und Technologien zur Sprach- und Lernförderung unterstützt kommunizierender Schülerinnen und Schüler mit schweren Entwicklungsbeeinträchtigungen anwenden: *Was wissen die Lehrkräfte über die Technologien zur UK und assistiven IKT bzw. wofür setzen sie sie ein?*

- Eine Evaluation ausgewählter Spezialsoftware in der Unterrichtspraxis für Schülerinnen und Schüler mit schweren Entwicklungsbeeinträchtigungen aus Sicht der Lehrkräfte (Anwenderfreundlichkeit, didaktische und pädagogische Qualität, Barrierefreiheit etc.): *Wie wird die pädagogische Brauchbarkeit eingeschätzt?*

3.2 Organisation und Methoden

Im Rahmen eines Workshops an der Leibniz Universität Hannover wurde 50 Förderschullehrkräften, die mit oben beschriebenen, unterstützt kommunizierenden Schülerinnen und Schülern arbeiten, ausgewählte Software durch die LifeTool-Gesellschaft vorgestellt. Die Teilnehmerinnen und Teilnehmer erhielten ausreichend Möglichkeiten, vor Ort die Software zu erproben und gezielt Nachfragen zu pädagogischen, didaktischen und insbesondere technischen Aspekten stellen zu können. Ein Softwarepaket mit Einzellizenzen und Manualen wurde den Lehrkräften in den unterschiedlichen Schulen und anderen Einrichtungen (Tagesbildungsstätten) anschließend kostenfrei zur Verfügung gestellt. Eine Angebotserhebung und Befragung zur fachlichen und organisatorischen Ausgangssituation der Evaluationsteilnehmer begann mit einem ersten Fragebogen im Rahmen des Workshops. Ein zweiter Fragebogen im Dezember 2009 stellte den Beginn der Softwareevaluation dar. Im Rahmen der ersten Erhebung nahmen 50 Lehrkräfte aus hauptverantwortlicher Unterrichtsarbeit, sowie Leitungspositionen an der Befragung teil. Durch den persönlichen Kontakt ergab sich damit noch am selben Tag eine Rücklaufquote von 100 %. Für die zweite Erhebung wurden diese 50 Personen angeschrieben. Der Fragebogen wurde postalisch mit einem frankierten Rückumschlag zugestellt. Es antworteten 30 Lehrkräfte. Die Rücklaufquote betrug damit 60 %.

Stichprobe 1. Erhebung	**n=50**
Stichprobe 2. Erhebung	n=30
Teilnehmende SuS	n=298

Die Befragung bezog sich unmittelbar und allgemein auf folgende, im Workshop vorgestellte und anschließend in den Schulen eingesetzte Programme:

Archimedes. Rechnen lernen und üben im Zahlenraum bis 100
Sicher im Straßenverkehr. Mein erster Führerschein.
Euro. Mit Geld rechnen
About Jobs. Ein Bildungsprogramm zum Thema Berufe
Hanna & Co Plus. Programm für das Lese- und Rechtschreibtraining
Kon-Zen. Ein Programm für Konzentration- und Denktraining
Show Me AAC. Ein Programm zum Erlernen und Üben von Begriffen

Die Einschätzungen der 30 Lehrkräfte durch die Fragebögen beruhen auf der pädagogischen Arbeit mit diesen Programmen mit insgesamt 298 Schülerinnen und Schülern mit sonderpädagogischem Förderbedarf in den Bereichen der geistigen, und/oder körperlich-motorischen und/oder kognitiven und/oder sprachlich-kommunikativen Entwicklung. Sie deckten mit folgenden Fragenbereichen Indikatoren zum Kenntnisstand, Zielsetzung und Umsetzung von UK und IKT ab:

- Einrichtungsbezogene Fragen
- Technische Fragen
- Kindbezogene Fragen
- Methodische und technische Fragen
- Mitarbeiterbezogene Fragen

Die Fragen im Rahmen der Evaluation der ausgewählten Software zum zweiten Erhebungszeitpunkt zielten schwerpunktmäßig ab auf:

- Gestaltung,
- Benutzerfreundlichkeit,
- inhaltlich-curriculare Qualität,
- didaktische Qualität und
- individuelle Einsetzbarkeit im Unterricht der Software.

Der Fragebogen sah geschlossene (ja/nein), halb-offene und offene Fragen vor. Es gab skalierte Antwortmöglichkeiten, die symbolisch mit „++“ über „0“ bis „- -„ dargestellt wurden. In der Auswertung wurde diese Skala je nach Fragestellung übersetzt in „sehr gut“, „gut“, befriedigend“, „schlecht“ und „sehr schlecht“ oder „absolut“, „sehr“, „neutral“, weniger“, „absolut nicht“.

Am Ende der Fragebögen wurden demografische Daten wie Geschlecht, Alter sowie Arbeits- bzw. Förderschwerpunkte der jeweiligen Einrichtung erhoben.

Die Firma „Technik für Behinderte (TfB) Gesellschaft für Rehabilitationstechnik mbH“ aus Hannover-Laatzen hielt den technischen Support und die logistische

Projektführung vor. Sie stellte anteilig stundenweise mehrere Mitarbeiter sowie diverse Hard- und Softwareprodukte zur Verfügung, die durch den o.g. Kooperationspartner LifeTool nicht zur Verfügung gestellt werden konnten oder betreute diese sowohl technisch als auch inhaltlich vor Ort in den Schulen.

Zur Projektdurchführung wurde die TfB-Datenbank genutzt, in der alle relevanten Förderschulen mit Schulleitern und weitere Ansprechpartner erfasst sind. Sämtliche Förderschulen in Niedersachsen mit dem Schwerpunkt „geistige Entwicklung“ und „körperliche und motorische Entwicklung“, ggf. Schwerpunkt „Sprache“ sowie entsprechende Tagesbildungsstätten wurden angesprochen. Zu vielen für technische Hilfsmittel hauptverantwortlichen UK-Förderlehrern und einigen „Netzwerken Unterstützte Kommunikation“ bestand bereits ein enger Kontakt. Zur Einladung zum Workshop wurde die Infrastruktur von TfB genutzt (Kuvertiermaschine, CRM, E-Mail). Die zum Workshop angemeldeten Förderlehrer wurden durch TfB erfasst und über die genauen Modalitäten des Projektes informiert.

TfB leitete sowohl telefonischen Support bei Fragen zur LifeTool-Software und beriet die Förderschulen bei der behindertengerechten Ansteuerung der PCs.

Die gemeinnützige GmbH LifeTool aus Linz in Österreich stand zur forschungsmethodischen Beratung in Bezug auf spezifische Merkmale der evaluierten Software zur Verfügung. Sie sammelte bereits praktische Erfahrung in der systematischen Implementierung, Betreuung und Evaluation von Hard- und Softwareprodukten, sowie Beratung und Schulung von Lehrkräften in Schulen mit den Förderschwerpunkten Geistige und Körperliche/Motorische Entwicklung in Österreich im Auftrag des Bundesministeriums für Unterricht, Kunst und Kultur in Österreich. LifeTool entwickelt Softwareprogramme für verschiedene Unterrichtsfächer und barrierefreie Zugänge in das Internet. In Österreich kooperiert sie dabei mit der Diakonie Österreich, mit dem AIT (Austrian Institute of Technology) sowie der Benefizaktion „Licht ins Dunkel“ des Österreichischen Rundfunks (ORF).

3.3 Aufbereitungs- und Auswertungsverfahren der Fragebögen

Die wenigen geschlossenen Fragen wurden mit den üblichen statistischen Verfahren mit dem Programm MS-Excel® ausgewertet.

Bei den Antworten auf die offenen Fragen wurde in Orientierung an *Mayring* (2007) eine qualitative Inhaltsanalyse durchgeführt. Die induktiv gebildeten Kategorien aus dem Antwortmaterial der Fragebögen wurden in einem zweiten Durchgang deduktiv angewendet. Es erfolgte also in sehr allgemeinen Zügen eine inter- und intramethodische Kombination quantitativer und qualitativer Erhebungs- und Auswertungsverfahren. Durch die relativ geringe Stichprobe sowie die geringe Rücklaufquote bei der zweiten Erhebung wurde im Rahmen der Auswertung nicht der Anspruch statistischer Standards erhoben. Die quantitative Auswertung hat im Rahmen der Methodenkombination eher eine explorative und die Einzelfälle konturierende Funktion.

4 Ergebnisse

Die Ergebnisse beider Fragebogenerhebungen werden im Folgenden zusammengefasst dargestellt. Die Befragung zu zwei unterschiedlichen Zeitpunkten hatte sowohl strategische als auch ressourcielle Gründe, d.h. zum einen wurde angestrebt, die Befragung durch Teilung jeweils im Rahmen der Belastbarkeit der Teilnehmerinnen und Teilnehmer zu halten, zum anderen sollte eine „soziale Erwünschtheit" bei der Beantwortung, Pseudo-Opinions und ein Sponsorship-Effekt, (vgl. *Dieckmann* 2003) durch die zeitliche und räumliche Nähe der evaluierenden Einrichtung und jener der bereitstellenden Software („Sponsor") vermieden werden.

In den folgenden Grafiken wird auf Grund der geringen Stichproben auf prozentuale Angaben verzichtet. Über den jeweiligen Säulen ist jeweils die absolute Zahl der Nennungen (n=50 zum ersten Erhebungszeitpunkt, n=30 zum zweiten Zeitpunkt) verzeichnet. Es wurde daher auch auf die Berechnung statistischer Signifikanzen verzichtet.

4.1 Mitarbeiterbezogene Ergebnisse

4.1.1 Demografische Daten

Drei Viertel der zum ersten Erhebungszeitpunkt befragten Lehrkräfte waren

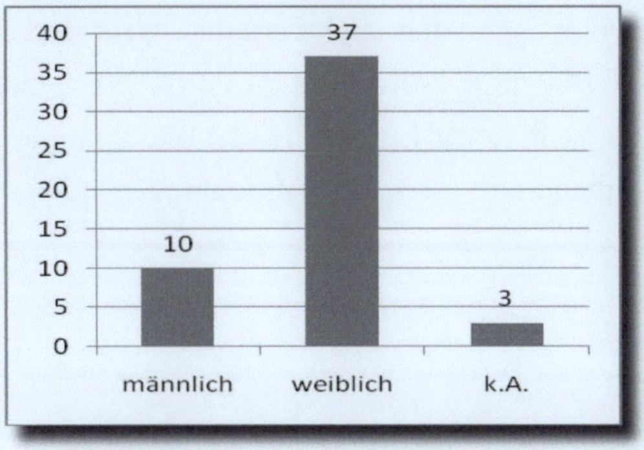

Abbildung 1: Ihr Geschlecht? (n=50)

weiblich. Zehn Lehrkräfte waren männlich. Drei Personen verzichten auf diese Angaben (Abbildung 1).

Bei mehr als vier Fünfteln aller befragten Lehrkräfte lag das Alter unter 45 Jahren.

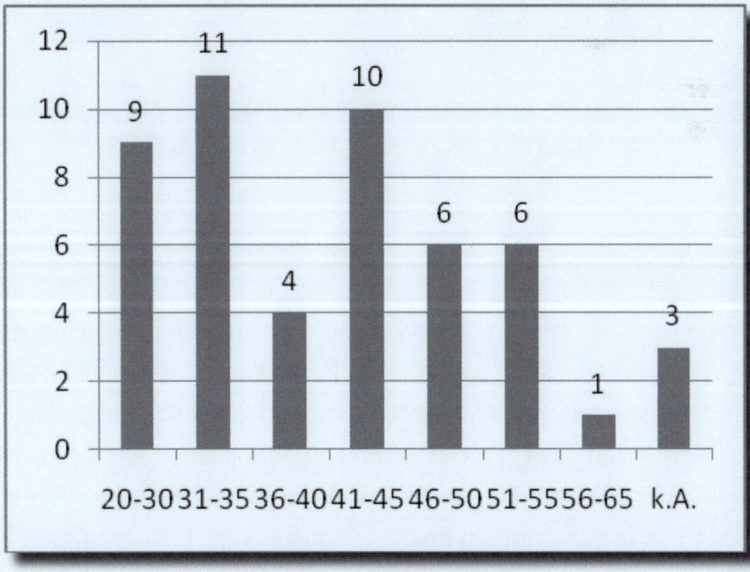

Abbildung 2: Ihr Alter (n=50)

Das Durchschnittsalter aller Befragten lag bei 39,1 Jahren und schwankte zwischen 27 und 58 Jahren (Abbildung 2).

Der überwiegende Teil der befragten Lehrkräfte arbeiteten an Schulen mit dem Förderschwerpunkt „Geistige Entwicklung (GE)“ (32 von 50 Befragten). Etwas weniger als ein Drittel gab den Schwerpunkt „Körperliche und motorische Entwicklung (KME)“ für ihre Schule an (13 von 50 Lehrkräfte). Jeweils eine Lehrkraft war an einer Schule für Lernhilfe (LE) und an einer Sprachheilschule (S) tätig. Drei Befragte gaben unter „sonstige Einrichtungen“ „Tagesbildungsstätten“ an.

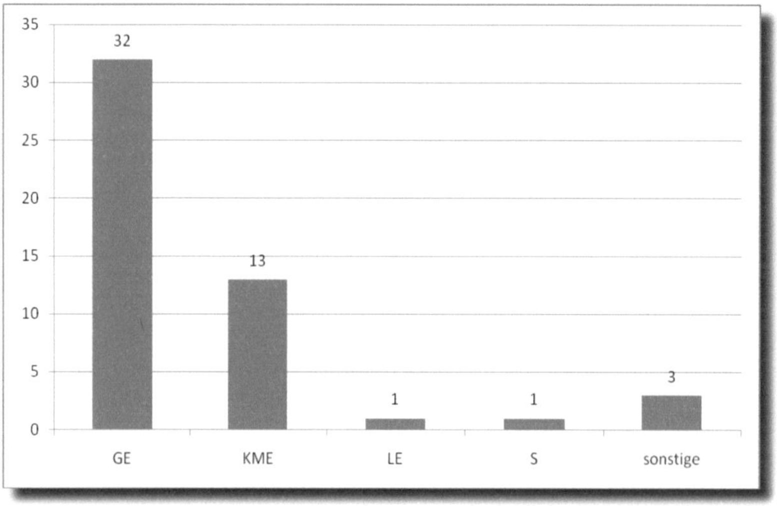

Abbildung 3: Förderschwerpunkt/e in Ihrer Schule?

4.1.2 Erstkontakt mit UK

Bei der Frage nach der ersten praktischen oder theoretischen Auseinandersetzung mit dem Themenfeld UK wurde im Fragebogen eine Mehrfachnennung ermöglicht, womit streng genommen auch nach zweiten und folgenden Anlässen der Beschäftigung mit dem Thema gefragt wurde. Jedoch sollte den Befragten damit etwas mehr Flexibilität, gerade bei der ersten Frage, eingeräumt werden. Entscheidend war die schwerpunktmäßige Angabe aller Befragten zum Zeitpunkt in ihrer Ausbildungs- und Berufstätigkeit (also vorher, während dessen oder anschließend) sowie zum Laien- oder professionellen Kontext der Begegnung mit UK. 37 der 50 Lehrkräfte, also knapp drei Viertel der Befragten, haben sich im Rahmen ihrer Berufsausübung („Am Arbeitsplatz nach der Ausbildung/nach dem Studium…“) mit Methoden und Technologien der UK auseinander gesetzt. Das sind knapp 10 % mehr, als bei einer vergleichbaren Erhebung an entsprechenden Förderschulen in der Region Ost-Westfalen-Lippe ermittelt wurden (*Scholz/ Seiler-Kesselheim* 2008, 471-476). Knapp ein Sechstel, also 8 der 50 Befragten, gab an, sich mit dem Thema UK in Fort- oder Weiterbildungen neben der Arbeit das erste Mal beschäftigt zu haben.

Fast die Hälfte aller Befragten (23 von 50) hat sich bereits im Studium mit Methoden und Technologien der UK auseinander gesetzt. Dies und das Verhältnis des Alters der befragten Lehrkräfte sowie des Ortes bzw. der Situation, in der sie das erste Mal UK kennen gelernt haben, bestätigt die Feststellung zahlreicher Autoren sowie das bereits 2008 von *Scholz/ Seiler-Kesselheim* in ähnlicher Weise ermittelte Ergebnis, dass die Theorie und Praxis der UK in den vergangenen 20 Jahren deutliche Berücksichtigung in der Ausbildung bzw. dem Studium der Sonderpädagogik fand, insbesondere mit den Schwerpunkten „GE“ und „KME“, aber auch in anderen Domänen. Die Mehrheit der Lehrkräfte, die das Thema UK bereits in der Ausbildung bzw. im Studium kennen gelernt hatten, nämlich 16 von 23, lag unter dem Durchschnittalter. Die Lehrkräfte, die UK erst an ihrem Arbeitsplatz oder in Fort- oder Weiterbildungen neben der Arbeit näher kennen gelernt haben, waren mit 16 von 24 Befragten mehrheitlich älter als der Durchschnitt der Befragten.

Zwei der Lehrkräfte gaben an, sich im privaten Umfeld das erste Mal mit UK beschäftigt zu haben, zwei weitere lernten das Thema im Zivildienst kennen.

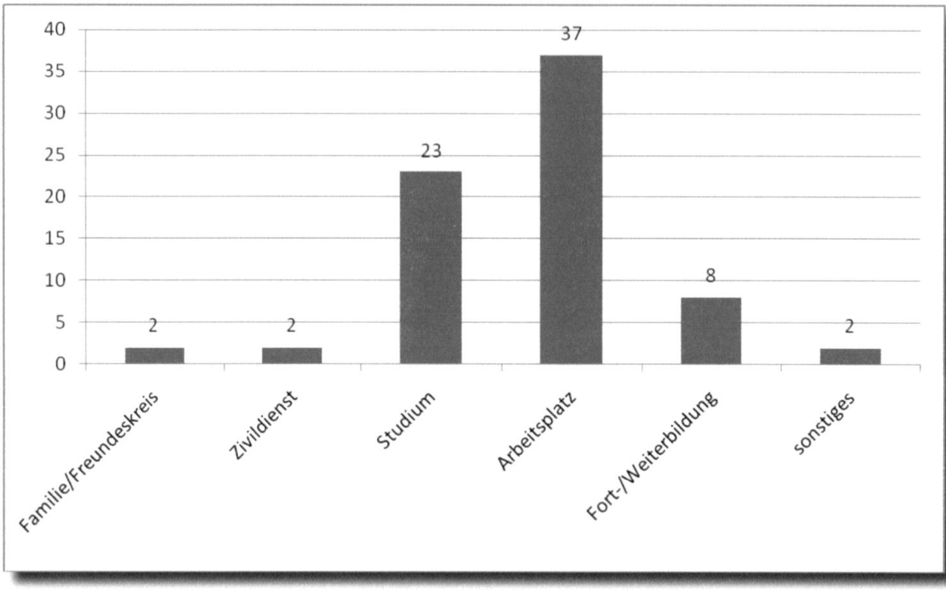

Abbildung 4: Wann haben Sie sich das erste Mal mit Methoden und Technologien der UK auseinander gesetzt? (n=50, 74 Nennungen)

Von den 23 Nennungen, die das Studium als Zeitpunkt und professionellen Kontext der Auseinandersetzung mit UK angaben, gaben etwas weniger als die Hälfte als Studiengang Sonderpädagogik an den Universitäten Hannover und Oldenburg an. An der Universität wird im Studium der Sonderpädagogik sehr lange und bewährt das Thema angeboten. Im Rahmen dieses Studiums sind außerdem ausschließlich in Oldenburg die Schwerpunkte „KME“ uns „GE“ studierbar. Die Anzahl der Befragten, die ihr Studium der Sonderpädagogik an der Universität Hannover absolvierten, ist sicherlich auch dem Veranstaltungsort des Workshops, in dessen Rahmen diese Frage im Rahmen des ersten Fragebogens gestellt wurde, geschuldet. Es ist davon auszugehen, dass diese Absolventen ihren Wohnsitz in der Nähe hielten. Anzumerken ist dabei jedoch, dass die Schwerpunkte „KME“ und „GE“ im Studium der Sonderpädagogik an der Universität in Hannover bis heute nicht angeboten werden, sondern das Thema „UK“ wurde lange Zeit durch Frau Prof. Etta Wilken in sporadischen Seminaren im Rahmen des Faches „Allgemeine und Integrative Behindertenpädagogik“ angeboten. Die übrigen Befragten absolvierten ihr Studium in Kiel, Dortmund, Bremen, Köln oder Hamburg. Eine Absolventin hatte sich im Rahmen ihres Studiums der Sozialpädagogik an der Fachhochschule Hildesheim mit dem Thema UK beschäftigt (Abbildung 5).

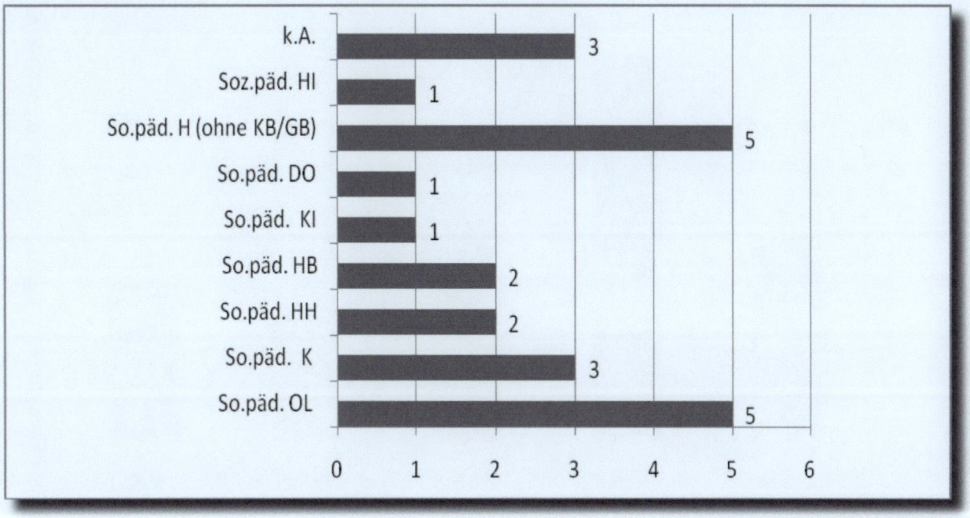

Abbildung 5: In welchem Studienfach / welcher Ausbildungsstätte haben Sie sich mit UK auseinandergesetzt? (n=23)

4.1.3 Einsatz von Methoden und Technologien der UK und IKT

Erstaunlich hoch ist der Anteil der befragten Lehrkräfte, die noch nie in ihrem Unterricht Methoden oder Hilfsmittel zur UK zur Anwendung brachten (Abbildung 5). Während es bei der vergleichbaren Befragung von *Scholz/ Seiler-Kesselheim* (2008, 472) verschwindend wenige waren (3 von 94), sind es bei der Befragung in Niedersachsen fast ein Fünftel bzw. 9 von 50. Es ist jedoch davon auszugehen, dass unter diesen neun Befragten Lehrkräfte sind, die mit Schülern arbeiten, die sich lautsprachlich äußern können und daher wenig bis keiner Unterstützung in der Kommunikation bedürfen. Diese Lehrkräfte waren möglicherweise bei dem Besuch des Workshops in erster Linie an der Lernsoftware interessiert und weniger an ihrer Kompatibilität mit assistiver Hardware.

Mehr als ein Drittel der Lehrkräfte wandte zum Zeitpunkt der Befragung Methoden und Hilfsmittel zur UK in ihrem Unterricht für eine/n SchülerIn an. Die Zahl der Lehrkräfte, die dies für mehr als einen Schüler umsetzen, sinkt von 11 (bei 2-4 Schülern) auf 6 (mehr als 5 Schüler). Dies darf nicht als mangelndes Engagement oder Vernachlässigung der Förderbedarfe anderer Schüler interpretiert werden,

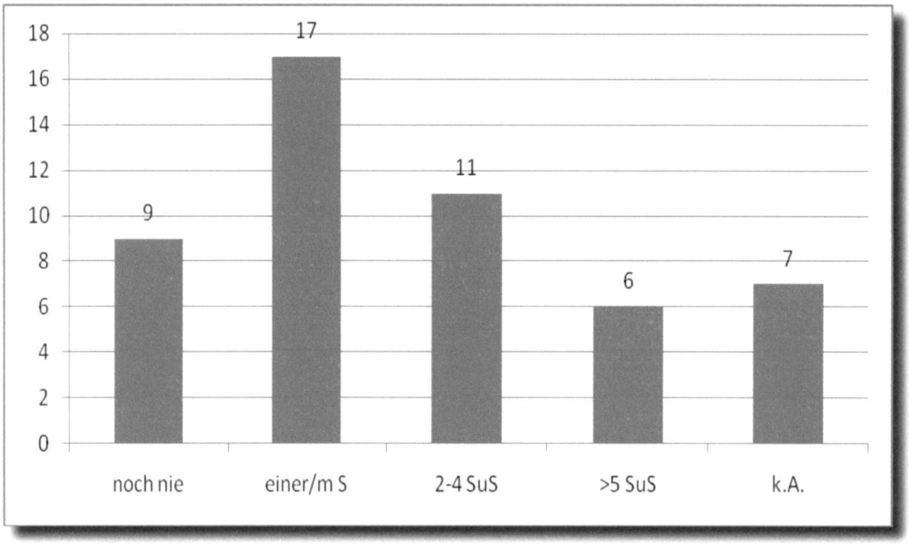

Abbildung 6: Wie umfangreich ist Ihr Einsatz von Methoden und Hilfsmitteln zur UK in Ihrem Unterricht? (n=50)

sondern resultiert aus dem Umstand, dass aus Gründen der begrenzten personellen Besetzung im Unterricht an Schulen für Kinder und Jugendliche mit körperlich-motorischen und geistigen Beeinträchtigungen, auch die Zahl der Schüler mit schweren Entwicklungsbeeinträchtigungen und demzufolge hoher Unterstützung ihrer Kommunikationsfähigkeit reduziert ist.

Sieben der 50 Lehrkräfte machten zum Umfang ihres Einsatzes von Methoden und Hilfsmitteln zur UK keine Angaben.

Alle befragten Lehrkräfte brachten breite Grundkenntnisse über Formen, Methoden und Technologien der UK mit. Zur Ermittlung von Details wurde in drei zusammenfassenden Kategorien nach Beispielen gefragt. Die allgemein gebräuchlichen und die kompensierenden körpereigenen Kommunikationsformen wurden in einer Kategorie zusammengefasst. Daneben wurde nach externen, nicht-elektronischen und externen, elektronischen Technologien gefragt. Die letzte Kategorie beinhaltete auch Geräte ohne und mit natürlicher und synthetischer Sprachausgabe.

Fast drei Viertel aller Befragten gaben alle drei Kategorien als bekannt an (Abbildung 7). Fünf von 50 Lehrkräften waren externe, elektronische Hilfsmittel nicht

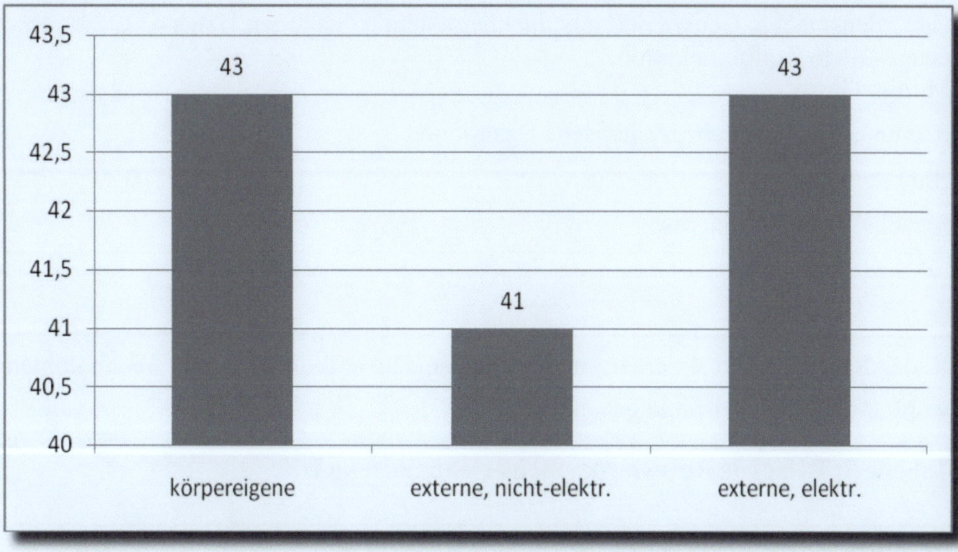

Abbildung 7: Welchen Methoden und Technologien sind Ihnen bekannt? (n=50, 127 Nennungen)

bekannt. Acht waren externe, nicht-elektronische Techniken fremd. Sieben Lehrkräften gaben an, keine körpereigenen Formen der UK zu kennen.

Den meisten Lehrkräften, die Grundlagenwissen mitbrachten, waren die körpereigenen und die externen-elektronischen Methoden und Techniken bekannt (jeweils 43 Nennungen von insgesamt 127 Nennungen).

Als Beispiele wurden folgende Formen und Techniken der körpereigenen Kommunikation mit unterschiedlicher Häufigkeit genannt:

Tabelle 1: Beispiele für körpereigene UK.

Beispiele (kategorisiert)	Anzahl der Nennungen (n=43)
Gebärdensprache, Gebärden (lautsprachbegleitende Gebärden/Gebärdengestützte Kommunikation)	32
Mimik, Gestik	12
Atmung, Atemfrequenz, somatische Reaktionen	5
Blickkontakt	3
Sprache, Laute, Lautieren	8

In der Kategorie der externen, nicht elektronischen Techniken und Technologien wurden folgende Beispiele genannt:

Tabelle 2: Beispiele für externe, nicht-elektronische UK.

Beispiele (kategorisiert)	Anzahl der Nennungen (n=41)
Piktogramme, Fotos, Symbole	22
Bliss-System, PCS, Boardmaker-Symbole	14
Buchstabentafeln (für FC), Schrift	11
Kommunikationsmappen, -tafeln, -ordner, -bücher	10
Realobjekte	3
TEACCH, PECS	3
Taster	2
Klopf-, Klanghilfen (Hupen, Klingeln etc.)	1

Als externe, elektronische Techniken und Technologien wurden von den 43 Lehrkräften folgende Beispiele aufgeführt:

Tabelle 3: Beispiele für externe, elektronische UK[3].

Beispiele (kategorisiert)	**Anzahl der Nennungen (n=43)**
Talker	21
PowerLink, Batterieunterbrecher	7
BigMack, Step by Step, GoTalk, OneStep, SuperTalker etc.	17
Taster (mit Sprachausgabe), Schalter, Lampen	8
Spezialtastaturen, Joysticks, Sensoren	7
Software (MindExpress u.a.)	6

Die Kategorisierung und die Frequenzanalyse der genannten Beispiele können hier nur zur Veranschaulichung dienen. Die Kategorisierung der Angaben ist abhängig von der individuellen und pädagogischen Zielsetzung und der Kombination mit anderen Geräten und Software. Alle 43 Lehrkräfte gaben zahlreichen Beispiele für diverse Sprachausgabegeräte, deren erforderliche Software und verschiedene Umweltkontrollgeräte an.

Die Angaben der Lehrkräfte zum Einsatz spezieller Lern- und Übungssoftware in ihrem Unterricht darf als positiver Zusammenhang mit den vorangegangenen Angaben zu den guten Kenntnissen in dem Bereich der externen-elektronischen Kommunikationshilfen interpretiert werden. Mit 43 von 50 Befragten gab die überwiegende Mehrheit an, Informationstechnologien bzw. Lernsoftware und damit auch Computer in den Klassenräumen einzusetzen (Abbildung 8). Nur sechs Pädagogen gaben an, keinerlei Lern- oder Übungssoftware einzusetzen. Eine Lehrkraft machte keine Aussage.

---

[3] Im Folgenden werden sowohl registrierte Produktbezeichnungen gängiger Hersteller als auch allgemeine Kategorienbezeichnungen verwendet, da diese Bezeichnungen am häufigsten in der schulischen Praxis Verwendung finden. Produktwerbung für die Hersteller ist damit nicht indendiert.

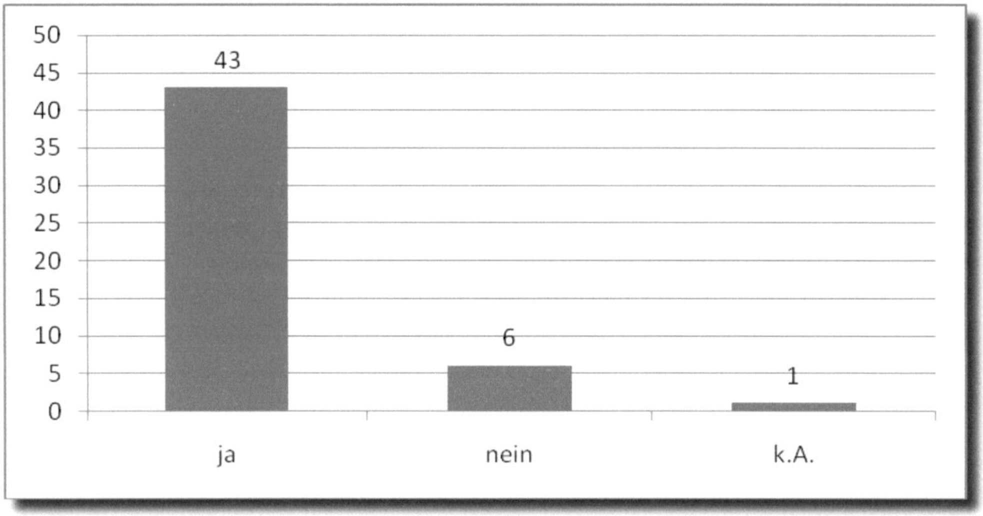

Abbildung 8: Bieten Sie SuS in Ihrem Unterricht spezielle Lern- und Übungssoftware an? (n=50)

In der Reihenfolge der Häufigkeit nannten diese 43 Lehrkräfte folgende Softwareprogramme oder Hersteller bzw. Vertriebe, deren diverse Angebote in den Klassenräumen zum Einsatz kommen.

Tabelle 4: Beispiele eingesetzter Software.

Beispiele (Programmnamen oder Hersteller)	**Anzahl der Nennungen (n=43)**
Budenberg (diverse Programme)	32
LifeTool (diverse Programme)	4
Eugen Traeger (diverse Programme)	4
Die Mini-Mäuse (Cornelsen)	4
Lernwerkstatt	3
Audiolog	3
Löwenzahn	2
ABC der Tiere (Mildenberg)	1

Karolus (Verus GmbH)	1
Abracadabra (LäraMera)	1
Step-by-step (Phoenix)	1
Toggolino	1
Terzio (diverse Prog)	1

Kurzbeschreibungen dieser Programme oder Angaben zu den Angeboten der verschiedenen Hersteller oder Vertriebe lassen sich unter folgenden Link nachlesen:

http://www.barrierefrei-kommunizieren.de/datenbank/index_produkte.php?art=kat&katid=17

Für die Nutzung dieser Software und die Bedienung der Computer ist für motorisch und körperlich beeinträchtigte Schülerinnen und Schüler entsprechende assistive Hardware, teilweise aus dem Bereich der externen, elektronischen UK erforderlich. Von den 43 Lehrkräften, die angaben, spezielle Lern- und Fördersoftware an Computern in ihrem Unterricht anzubieten, konnten dafür jedoch fast ein Drittel (14 von 43 Lehrkräften) keine assistive und kompensierende Hardware, Taster oder spezielle Tastaturen anbieten. Davon war nur eine Lehrkraft an einer Schule für Lernhilfe tätig, wo diese technische Kompensation nicht nötig ist. Insgesamt waren es 21 von 50 Lehrkräften, die die notwendigen technischen Bedingungen nicht vorhalten konnten (Abbildung 9). Drei Befragte machten keine Angaben.

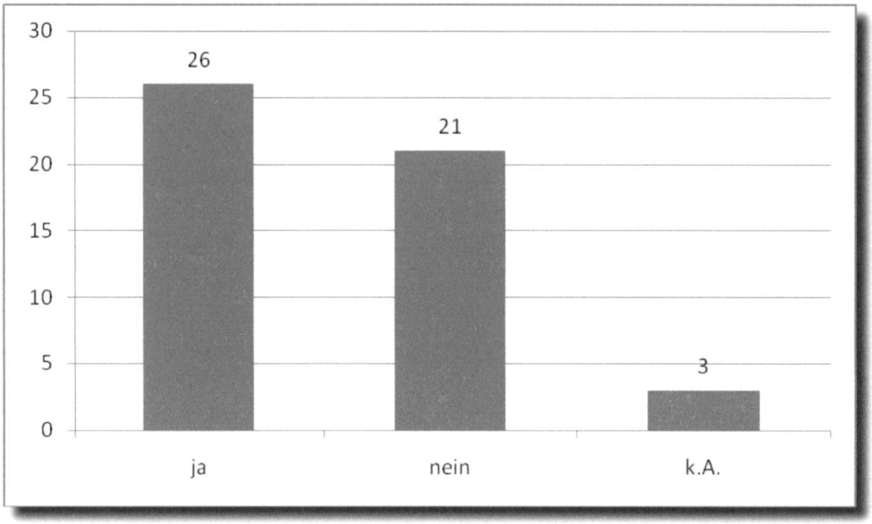

Abbildung 9: Steht für erheblich beeinträchtigte SuS assistive Hardware zur Bedienung der PC zur Verfügung? (n=50)

Die 26 (von 50) befragten Lehrkräfte, die angaben, assistive Hardware zur Bedienung der Computer zur Verfügung stellen zu können, nannten folgende Beispiele:

Tabelle 5: Beispiele für eingesetzte assistive Hardware.

Beispiele (kategorisiert)	**Anzahl der Nennungen (n=26)**
Taster	23
Spezielle bzw. große Tastaturen und solche mit Gitter	22
BigMack	14
Joystick-Mouse	10
Sensoren	11
Intellikeys	2
Trackball	2

Wie bereits dargelegt, kann der Einsatz von Spezialsoftware, über die Förderung des Umgangs mit dem Computer und elektronischen, digitalen Kommunikationsformen, Grundlagen und Voraussetzungen schaffen, zur Entwicklung und Förderung einer Medien- bzw. Internetkompetenz als wichtiges Element kultureller und auch politischer Teilhabe von Menschen mit entwicklungsbedingten oder erworbenen schweren Kommunikationsbeeinträchtigungen. Relevant ist daher der Zusammenhang zwischen der Anzahl der Lehrkräfte, die Software einsetzen, und jenen, die den Umgang mit IKT weiterführend über die Einbindung des Internets in die Unterrichtsarbeit ermöglichen und fördern. Abbildung 10 veranschaulicht den Anteil (26 von 50) der Lehrkräfte, die das Internet nutzen im Vergleich zu jenen, die diese Möglichkeit nicht anbieten (21 von 50 Lehrkräften). Von diesen 21 Pädagogen gaben fünf an, im Klassenraum über keinen Internetanschluss zu verfügen. Es muss davon ausgegangen werden, dass dieser Anteil wesentlich höher ist, worauf durch die im nächsten Kapitel dargestellte, allgemeine schlechte technische Ausstattung an den Schulen zu schließen ist. Drei Lehrkräfte gaben auf diese Frage keine Antwort. Von diesen 26 Lehrkräften, die das Internet für ihre unterstützt kommunizierenden Schüler anbieten, nutzen auch fast alle (24 von 26) spezielle Lern- und Übungssoftware. Unter den 21 Befragten, die kein Internet anbieten, sind vier, die auch angeben, keine spezielle Lern- oder Übungssoftware im Unterricht einzusetzen.

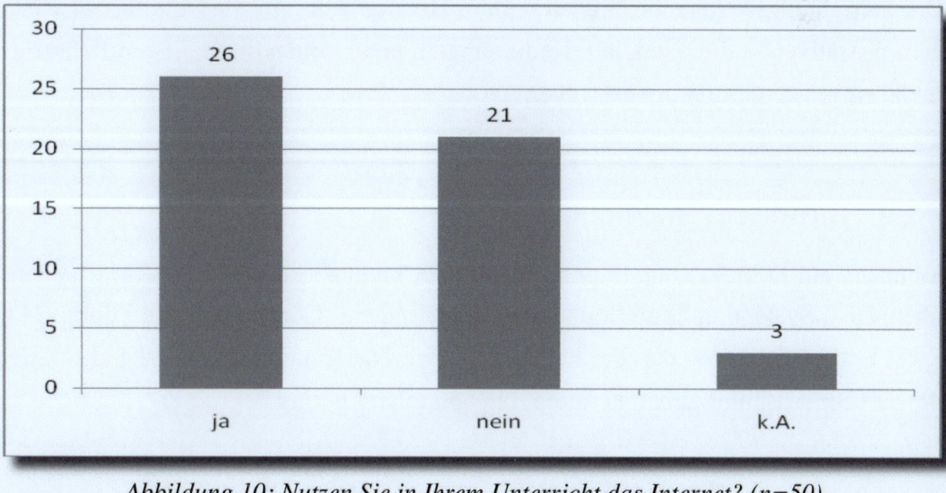

Abbildung 10: Nutzen Sie in Ihrem Unterricht das Internet? (n=50)

Die 26 Lehrkräfte gaben bei der Begründung ihres Angebotes, der Arbeit mit und in dem Internet für Ihre Schülerinnen und Schüler, folgende Lehr-und Lernziele an:

Tabelle 6: Beispiele für die Internetnutzung.

Beispiele (kategorisiert)	**Anzahl der Nennungen (n=26)**
Spezifische, themenbezogene Informationsrecherche im Rahmen des Fachunterrichts, z.B. Sachunterricht oder zu (aktuellen Tagesereignissen	13 3)
Nicht nähere spezifizierte Bereitstellung von Informationen	5
Bereitstellung von Bildmaterial	3
Übung im Umgang mit dem PC	3
Digitale Kommunikation, insbesondere E-Mail-Verkehr	2
Gestaltung vom Homepages	1
Spielen	1

4.2 Einrichtungsbezogene Ergebnisse

Die einrichtungsbezogenen Fragen sollten Hinweise liefern über die technischen, administrativen und personellen Bedingungen, unter denen die befragen Lehrkräfte die eingesetzte Software erprobten.

4.2.1 Technische Bedingungen

Mehr als ein Drittel der befragten Pädagogen konnten keinerlei Auskunft geben über die „Systemkonfiguration" ihrer eingesetzten Computer (Abbildung 11). Zwei Lehrkräfte gaben darüber keine Auskunft. Die Kenntnisse der 31 Lehrkräfte, die darüber Auskunft geben konnten, blieben relativ gering.

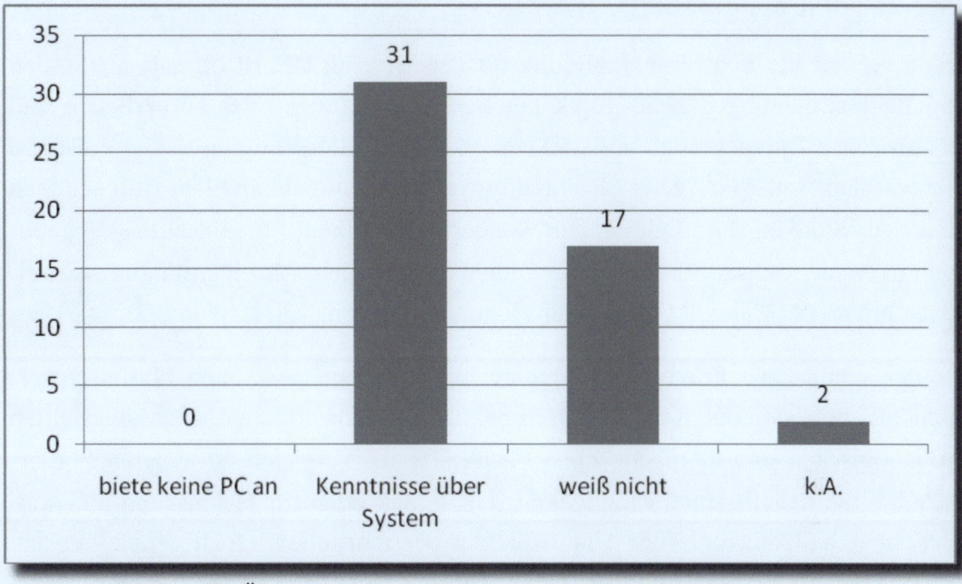

Abbildung 11: Über welche Systemkonfiguration verfügen Ihre Computer? (n=50)

Die 31 Lehrkräfte mit Kenntnissen gaben folgende Auskünfte über die Betriebssysteme und übrige Ausstattung:

Tabelle 7: Angegebene technische Ausstattung.

Systeme und Hardware	**Anzahl der Nennungen (n=31)**
Windows 98	2
Windows 2000	3
Windows XP und/oder	22
Windows Vista	4
DVD-Laufwerk	10
Drucker, Lautsprecher	2

4.2.2 Personelle Bedingungen

Eine vertiefende Schwerpunktbildung für den Bereich UK ist oftmals nur in den Studienfachrichtungen „Pädagogik bei Beeinträchtigungen der körperlichen und motorischen Entwicklung“ und „Pädagogik bei Beeinträchtigungen der geistigen Entwicklung“ möglich. Diese Fachrichtungen werden nicht an allen Universitäten mit dem Studiengang „Lehramt für Sonderpädagogik/an Förderschulen“ angeboten. In Niedersachsen ist dies nur in Oldenburg möglich. Als eigenständiges Studienfach wird der Bereich UK ebenfalls kaum angeboten (vgl. Kapitel 2.2).

In der schulischen Praxis, insbesondere mit den oben genannten Förderschwerpunkten, böte sich durch die an diesen Schulen oftmals umfangreicher angestellten pädagogischen und therapeutischen Fachkräfte im Vergleich zu anderen Förderschulen die naheliegende Möglichkeit, UK-Fachkräfte zur technischen und sonder- bzw. heilpädagogischen Unterstützung bereitzustellen. Doch gerade bei den Logopäden und Sprachheilpädagogen, die zur Anbahnung und systematischen, spezifischen Förderung der Kommunikations- und Sprechfähigkeit qualifiziert sind, ist der Anteil jener mit exklusiven Kompetenzen im Bereich der UK gering, wie es *Boenisch* (2008) und *Dupuis* (2005) bereits konstatiert haben: „Das schwierige Verhältnis zwischen Sprachtherapie und UK spiegelt sich in den Ergebnissen der Studie [von *Boenisch*, J.M.] an den Schulen mit dem Förderschwerpunkt Körperliche und Motorische Entwicklung wider. Denn obwohl Sprachtherapie eine feste Säule im Konzept dieser Schulen darstellt, zeigt die Befragung, dass nur jede fünfte Schule ohne Lautsprache (22 %) Sprachtherapie und nicht einmal jedes 12. Kind ohne Lautsprache (8 %) eine UK-Förderung durch einen Sprachtherapeuten oder Logopäden erhält“ (*Boenisch* 2008, 453). Der Autor formuliert den Verdacht, dass diese Kinder von den „professionell ausgebildeten Sprachtherapeuten/Logopäden kaum beachtet werden“ und *Dupuis* (2005, 25) fasst zusammen, dass „die Zahl der Sprachtherapeuten beschränkt ist, die in der Lage oder bereit sind, sich auf dem Gebiet der Arbeit mit Menschen zu engagieren, die selbst über keine oder nur sehr wenig aktive Lautsprache verfügen“.

Oftmals steht innerhalb der Lehrerkollegien eine oder mehrere Lehrkräfte für die UK zur Verfügung, die sie im Rahmen ihres Studiums, aber oftmals auch sehr häufig erst im Rahmen von Fort- oder Weiterbildungen kennen gelernt haben (vgl. Kapitel 4.1.2) und dann informell als Multiplikatoren innerhalb dieser Kollegien fungieren, so dass die anderen Lehrkräfte bei Bedarf oder bei internen Fortbildungen mehr davon erfahren und dann zu jener Gruppe gehören, die den Erstkontakt mit UK „am Arbeitsplatz" (vgl. Kapitel 4.1.2) hatten.

Abbildung 12 verdeutlicht diese Situation. Knapp ein Drittel aller Befragten gaben an, dass ein Team aus Experten in ihrem Kollegium für den Bereich UK zuständig ist („mehrere Lehrkräfte"). Etwas weniger (14 von 52 Nennungen) nannten eine/n angestellte/n TherapeutIn oder (heil-)pädagogischen MitarbeiterIn an ihrer Schule als Hauptverantwortlichen für den Bereich UK. Sehr wenige Lehrkräfte gaben an, dass nur ein/e KollegIn (7 von 52 Nennungen) oder gar das gesamte Kollegium (6 von 52 Nennungen), ein/e externe/r, also nicht direkt zum Kollegium zugehörige/r TherapeutIn oder (Heil-)PädagogIn (4 von 52 Nennungen) oder sonstige Fachkräfte (4 von 52 Nennungen, keine Beispiele genannt) dafür zuständig sind. Eine Lehrkraft gab keine Auskunft.

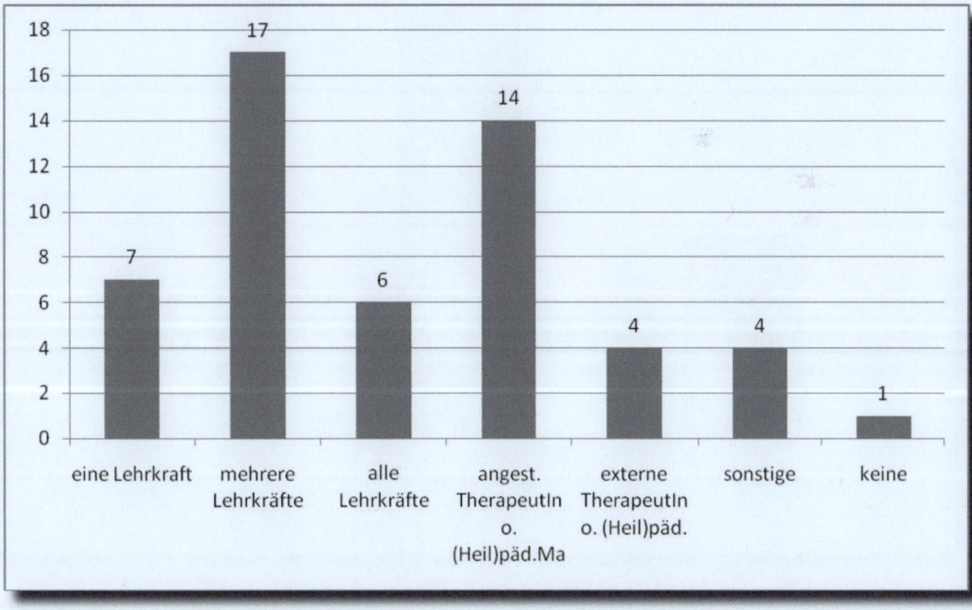

Abbildung 12: Gibt es eine oder mehrere Personen, die hauptsächlich für den Bereich UK an Ihrer Schule verantwortlich sind? (n=50, 52 Nennungen)

Während es bei oben stehender Frage um die Verantwortung der Umsetzung und Beratung bei der Durchführung pädagogisch begründeter Konzepte und Methoden der Förderung unterstützter Kommunikation für Kinder ohne oder mit wenig aktiver Lautsprache geht, bezog sich die folgende Frage (Abbildung 13) auf die Verantwortung der Betreuung für assistive Hardware, die dafür benötigt wird, und die spezielle Lern- und Übungssoftware, die damit genutzt werden kann. Hier zeigt sich, dass an mehr als der Hälfte aller Schulen, an denen die Befragten tätig sind, externe Dienstleister für diesen technischen Support hinzugezogen werden. Weniger als ein Drittel der Schulen setzen dafür eine eigene Lehrkraft ein. Es wird hier angenommen, dass diese Lehrkraft auch jene ist, die im Kollegium für die Methoden der UK verantwortlich ist. Als sonstige Verantwortliche für den technischen Support (9 von 62 Nennungen) wurden eigene, interne EDV-Abteilungen oder Verwaltungsangestellte mit vertieften EDV-Kenntnissen, Leitungspersonen wie z.B. ein Konrektor, der Hausmeister oder externe Ehrenamtliche (Eltern) genannt.

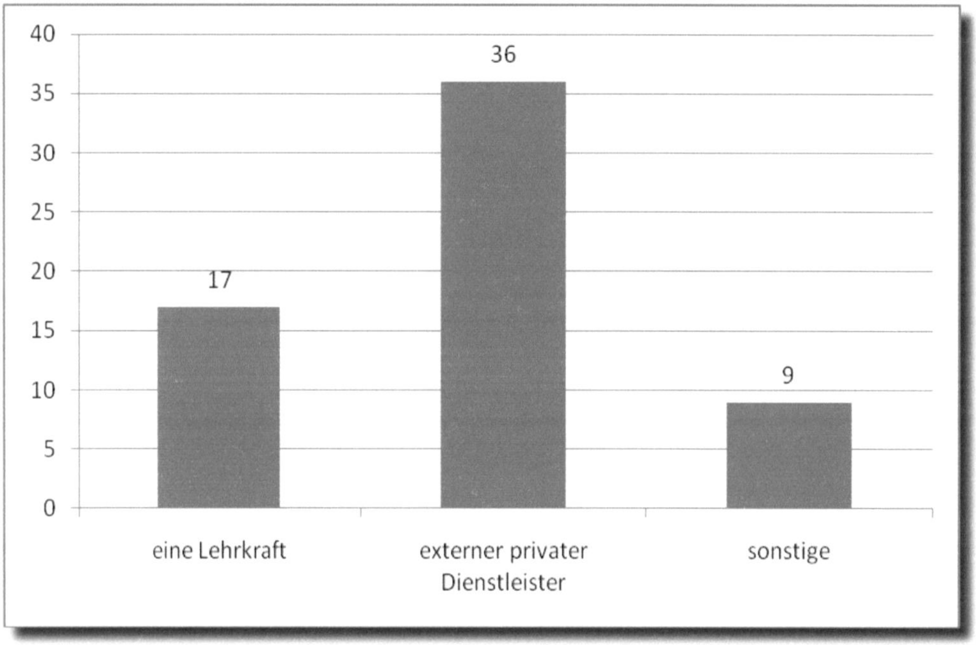

Abbildung 13: Wer ist an Ihrer Schule hauptsächlich verantwortlich für die Betreuung der Hard- und Software? (n=50, 62 Nennungen)

4.2.3 Bedingungen der Vernetzung

Die Fort- oder Weiterbildung, in denen Lehrkräfte erste Erfahrungen mit UK und assistiver IKT machen oder sich vertiefend qualifizieren, um als Multiplikatoren im Team zu fungieren, sind meistens über Fachverbände organisiert. Über diese Personen, manchmal auch durch die Schulleitungen, sind Schulen und Tagesbildungsstätten mit Fachverbänden oder anderen fachlichen Netzwerken verbunden, über die Beratung, Austausch und Unterstützung bei pädagogischen und technischen Fragen bei UK und Softwareprogrammen ermöglicht werden kann. Dies ist jedoch bei den meisten (39 von 50) Einrichtungen nicht der Fall. Sechs Lehrkräfte trafen keine Aussage (Abbildung 14).

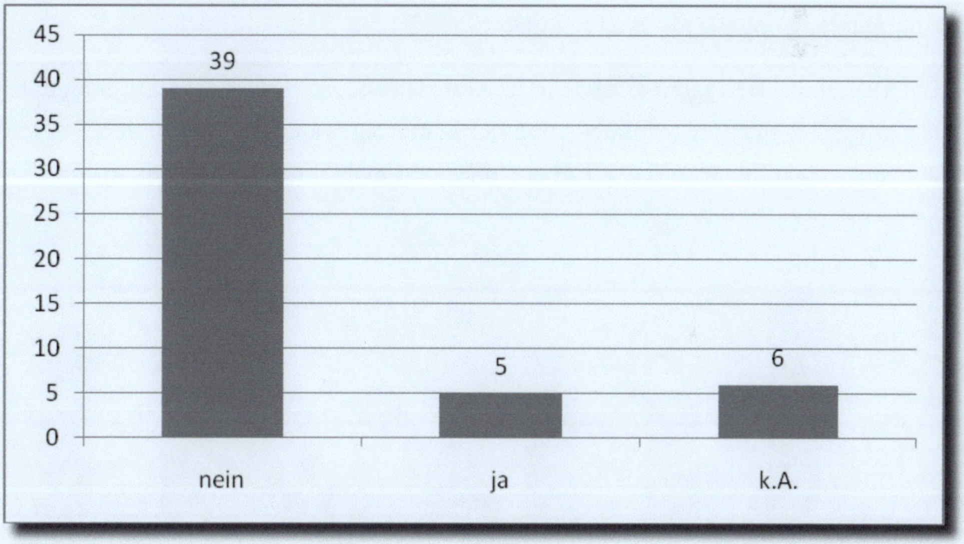

Abbildung 14: Ist Ihre Schule Mitglied in einem fachlichen Netzwerk/einer Organisation zum Thema UK? (n=50)

Vier der Befragten gaben an, Mitglied in der ISAAC zu sein, eine Einrichtung ist Mitglied im UK-Netzwerk Weser-Ems.
(http://www.sonderpaedagogik.uni-oldenburg.de/37781.html)

Neben einer fachverbandlichen Vernetzung der Schulen und der UK-Verantwortlichen in den Kollegien ist deren administrative Infrastrukturkenntnis und Wissen um eventuelle Fördermöglichkeiten von Relevanz, da, wie bereits in Kapitel 2.3 dargelegt, ein Grund für die mangelhafte technische Ausstattung an den Schulen, wie sie auch in dieser Untersuchung konstatiert werden kann, ein finanzielles und auch finanziell-administratives Problem ist. Eigenverantwortliche Schulen verfügen zwar über ein eigenes Budget, aber auch das ist limitiert. Die Akquise von Drittmitteln ist also auch für Schulen eine mögliche und manchmal notwendige Strategie.

Jedoch konnten fast ein Viertel aller Befragten keine Angaben machen zur Frage nach Möglichkeiten der Förderung und Finanzierung zur Anschaffung moderner Computertechnologie an ihren Schulen.

Ein Drittel der Befragten gaben die herkömmlichen, in der Regel stark budgetierten Möglichkeiten des Schuletats und der Schulträger an. Wenige (16 von 74 Nennungen) gaben Sponsoren wie Banken oder regionale, große Industriekonzerne

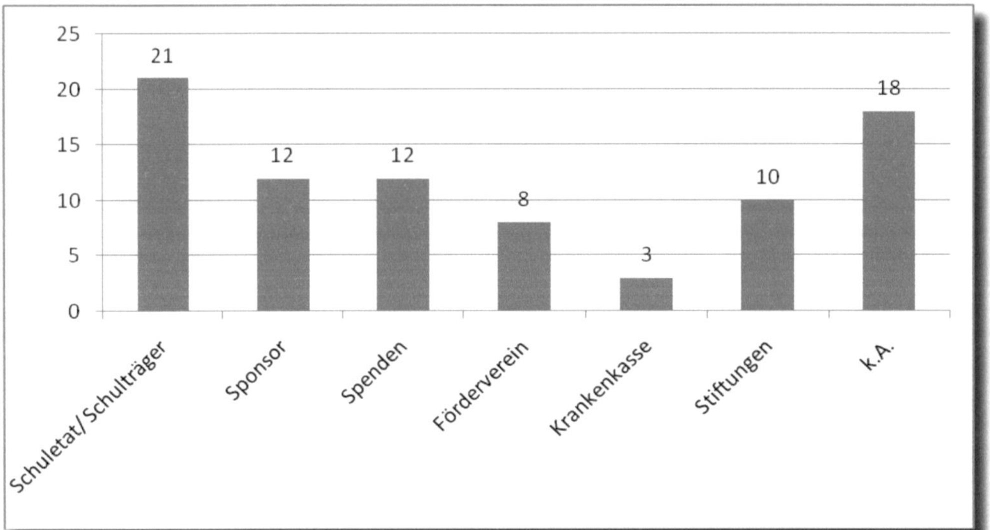

Abbildung 15: Welche Förder-/Finanzierungsmöglichkeiten kennen Sie, um Ihre Schule mit moderner Computertechnologie ausstatten zu können? (n=50, 74 Nennungen)

und Spenden, z.B. über Tombolas im Rahmen von Schulfesten, oder Stiftungen (10 von 74 Nennungen) an. Drei Lehrkräfte verwiesen auf die Hilfsmittelversorgungen durch die Krankenkassen einzelner Schüler. Etwas mehr (8 von 74 Nennungen) gaben den gemeinnützigen Förderverein der Schule an, der aber genau genommen auch in die Kategorie der Spenden fällt.

4.3 Analyse der Bewertung zur erprobten Software

Die folgende Detailanalyse untersuchte den Einsatz ausgewählter Software an 36 Einrichtungen mit den Schwerpunkten „Körperliche und motorische Entwicklung“ und „Geistige Entwicklung“. Es sollte in diesem Teil untersucht werden, ob die Software den unterschiedlichen Nutzer- und Lernbedürfnissen von Kindern und Jugendlichen mit verschiedenen körperlichen und geistigen Fähigkeiten und Einschränkungen gerecht wird und geeignet ist, die Kompetenzen der Schüler/innen im sonderpädagogischen Unterricht zu fördern. Dafür wurde mittels der vorgestellten Fragebögen die Perspektive der Lehrkräfte, die die Software einsetzten, rekonstruiert.

Der Vorsatz, eine quatitativ-methodologischen Kriterien genügende und valide Evaluation durchzuführen, musste aufgrund der geringen Stichprobe zum ersten Erhebungszeitpunkt sowie der geringen Rücklaufquote der Fragebögen zum zweiten Erhebungszeitpunkt aufgegeben werden. Daher ist streng genommen auch eher von einer „Erkundungsstudie“ oder von „Einzelfallstudien“ zu sprechen, um diesen Umstand deutlich zu machen.

4.3.1 Inhalt der eingesetzten Software

An den Schulen, die durch die Teilnehmer des Workshops zum ersten Erhebungszeitpunkt vertreten waren, wurde folgende Software eingesetzt:

4.3.1.1 About Jobs

Dieses Lernprogramm stellt auf spielerische Weise 12 Berufe (Feuerwehrmann, Mechaniker, Reinigungskraft, Polizistin, Pilotin, Bauer, Lehrer, Friseur, Koch, Ärztin, Kellnerin, Verkäuferin) vor. Die grundlegenden Informationen erhält man mit Hilfe eines großen Themenbilds. Hier werden unter anderem die typischen Werkzeuge und Arbeitsgeräte vorgestellt und erklärt. Die Lernschritte sind in einem Suchspiel und einem Quiz zur Überprüfung verpackt. Neben diesen grundlegenden Informationen bietet das Programm fünf weitere Spiele mit Kartenmaterialien, die vor allem die Fähigkeiten der Klassenbildung schulen. Trainiert werden insbesondere die Fertigkeiten der Kategorisierung, Zuordnung, Inklusion und Exklusion, die unter anderem wichtige Voraussetzungen für das Erlernen der Kulturtechniken Lesen, Schreiben und Rechnen sind. Verschiedene Schwierigkeitsstufen sollen Anpassungen des Programms an die individuellen Fertigkeiten ermöglichen. Ein „Diplom“ gibt einen Überblick über den Spielfortschritt und soll der Langzeitmotivation dienen. Durch die Personenverwaltung ist es möglich, verschiedene Einstellungen für mehrere Kinder zu speichern. Für den therapeutischen Einsatz ist besonders die Auswertung interessant, die relevante Daten während des Spielens mit protokolliert.

Es kann mit der Computermaus oder -tastatur, einem Touchmonitor, Scanning mit ein, zwei oder drei Taster(n) oder Intellikeys bedient werden.

4.3.2.2 Archimedes

Dies ist ein Programm zum Rechnen lernen und üben im Zahlenraum bis 100. Durch Übungen mit anschaulichem Material soll auf Schwierigkeiten in Wahrnehmung und räumlicher Durchgliederung (z.B. kleiner – gleich – größer) Rücksicht genommen werden als Grundlage für das sichere Beherrschen des Zahlbegriffs. Im Übungsbereich "bis 10" werden die grundlegenden Übungen wiederholt, jedoch mit Zahlen und weiteren Möglichkeiten wie Addition/Subtraktion oder Partnerzahlen (Ergänzungszahlen zur 10). Im Übungsbereich "über 10" werden Rechnungen bis 100 angeboten. Wesentlicher Teil ist die Überschreitung des

Zehnerbereichs, dem auch ein eigener Übungstyp gewidmet ist. Eine anschauliche Darstellung der Rechenoperationen bei den einfacheren Übungen erleichtert den Lernvorgang. Mit höherem Schwierigkeitsgrad kann die Veranschaulichung ausgelassen werden. Lernfortschritte können grafisch ausgewertet und ausgedruckt werden.

Neben der herkömmlichen Mausbedienung ist das Programm auch im Scanning-Verfahren für eine, zwei oder drei Taster(n) geeignet.

4.3.2.3 Euro - Mit Geld Rechnen lernen

Euro ist ein Lern- und Trainingsprogramm rund um das Thema „Geld". In 17 unterschiedlichen und abwechslungsreichen Übungen werden sowohl Basiskenntnisse (z.B.: Geld kennen lernen) als auch fortgeschrittene Inhalte vermittelt (z. B.: Preise addieren, Wechselgeld berechnen...). Das Programm bietet je nach Zielgruppe zwei unterschiedliche Zugänge an: Zugang „Schule" ist primär für Kinder der Grundschule gedacht, die den rechnerischen Umgang mit Geld trainieren möchten. Zugang „Lebenswelt" richtet sich an Jugendliche und Erwachsene, die lebenspraktische Fertigkeiten zum Themenkreis „Geld, Waren, Einkaufen" erwerben möchten. Hier ist es möglich, eigene Bilder zu importieren und Warenpreise anzupassen. Es kann mit der Computermaus oder -tastatur, einem Touchmonitor oder Scanning mit ein, zwei oder drei Taster(n) bedient werden.

4.2.2.4 Hanna & Co Plus

"Hanna und Co Plus" ist ein Computerprogramm, das den Leseunterricht unterstützt. Es enthält etwa 2000 Wörter mit den dazugehörigen Audiodateien sowie 400 Sätze, die in zwölf Geschichten zu je acht Bildern gegliedert sind. Auf der Grundlage des inhaltlichen und lexikalischen Materials (Geschichten, die wesentliche Elemente des Grundwortschatzes umfassen) bietet die Lernumgebung vielfältiges Übungsmaterial für alle Aspekte des Leseunterrichtes. Schreibübungen, synthetische und analytische Übungen auf Buchstaben-, Wort- und Satzebene sind eingebettet in eine Benutzeroberfläche, die eine im offenen Unterricht geführte Schulklasse abbildet. Übungen sind entweder mit themenspezifischem oder frei wählbarem Material (Buchstaben, Wörter) spielbar. Es kann mit der Computermaus oder -tastatur, einem Touchmonitor oder Scanning mit ein, zwei oder drei Taster(n) bedient werden.

4.3.2.5 Kon-Zen

Das Programm richtet sich an Menschen mit visuellen Beeinträchtigungen. Es enthält ausschließlich visuelle Übungen, deren Darstellung auf geometrischen Formen, Buchstaben bzw. Zahlen basiert. Es gibt drei Übungstypen. Bei der ersten Übung gilt es, gleiche Figuren aus dem Spielfeld auszuwählen. Es geht um einen rein visuellen Vergleich. Die zweite Übung ist so konzipiert, dass hier auch der Faktor Zeit eine Rolle spielen kann. Damit eignet sie sich für das Training von Aufmerksamkeit und Belastung. Mit der dritten Übung wird das Kurzzeitgedächtnis trainiert. Die drei Übungstypen sind individuell einstellbar. Voraussetzung ist die Fähigkeit zur Bedienung der Maus oder eines Ersatzgeräts. Die aktuelle Version ist mit einem Scanning-Modus ausgestattet und somit auch für Taster-Bedienung (1, 2 oder 3 Taster) geeignet.

4.3.2.6 Show Me AAC

Show Me AAC ist ein Programm zum Kennenlernen und Üben von Begriffen. Neben vielen Begriffen aus dem Alltag (ca. 350), die themenspezifisch geordnet sind, werden auch Materialien zu den Themen Farben, Formen, Größe, Buchstaben, Zahlen, Mengen und Uhr angeboten. Durch vielfältige Einstellungsmöglichkeiten lässt sich das Programm sehr gut an die Bedürfnisse der Benutzer anpassen. Die Bedienung erfolgt standardmäßig mit der Maus oder alternativen Eingabegeräten und ist auch für die Bedienung mit einem Touchmonitor geeignet. Personen mit schweren körperlichen Beeinträchtigungen können das Programm mit nur einem oder mehreren Tastern bedienen.

4.3.2.7 Sicher im Verkehr - Mein erster Führerschein

Die Lernsoftware dient dem Kennenlernen von Fahrzeugen und der wichtigsten Verkehrszeichen. Auto-Lernspiele dienen dem richtigen und zeitgerechten Reagieren im Straßenverkehr. Die wichtigsten Verkehrsregeln für die Zielgruppen werden interaktiv dargestellt. In einer "Erster Führerschein"-Prüfung kann das Gelernte wie bei einer "richtigen" Führerscheinprüfung überprüft werden. Die Bedienung erfolgt über Maus oder alternatives Mauseingabegerät, Tastatur, Touchmonitor, Scanning mit einer oder zwei Tasten.

4.3.3 Häufigkeit der Verwendung der eingesetzten Software

Die Lehrkräfte lernen im Rahmen des Workshops (Zeitpunkt der ersten Erhebung) alle aufgeführten Softwareprogramme kennen und erhielten eine kostenfreie, zeitlich begrenzte Lizenz für ihre Schulen. Dort kamen die Programme sehr unterschiedlich zum Einsatz (Abbildung 16).

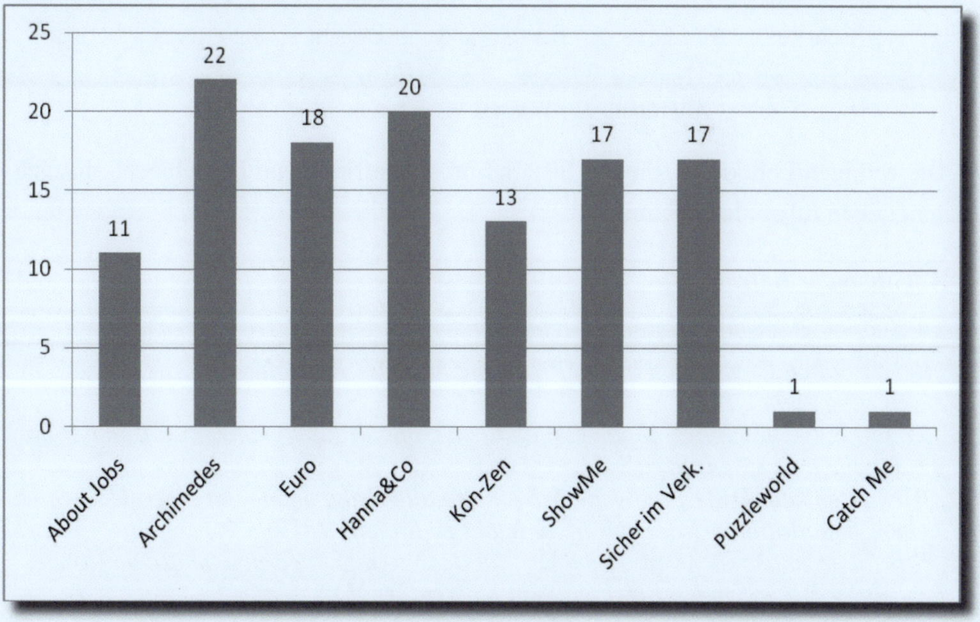

Abbildung 16: Häufigkeit der benutzten Software in den Schulen (n=30)

4.3.4 Einschätzung der technischen Qualität

4.3.4.1 Installation und Stabilität

Weit mehr als die Hälfte der Befragten schätzen die Installation der verwendeten Programme als sehr gut ein (Abbildung 17). Davon benutzen die meisten die Programme „Archimedes“ (14 von 18) und „Hanna & Co“ (13 von 18).

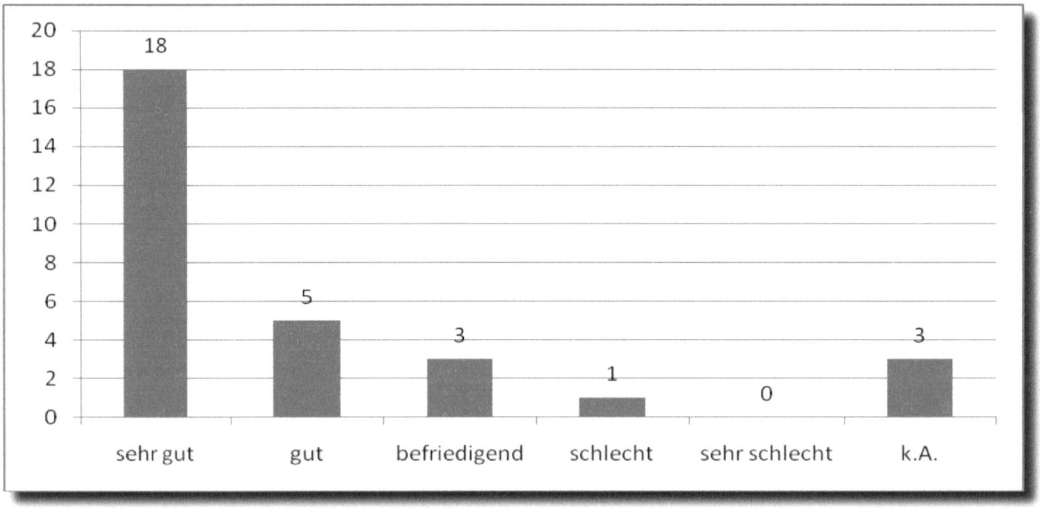

Abbildung 17: War die Installation möglich?

Die wenigen Lehrkräfte, die die Installation als befriedigend bis schlecht einschätzen, gaben folgende Probleme an:

Angaben der Befragten
„Es lief nur die Demo-Version“ (Fragebogen #2)
„Bei den alten Computern traten Probleme auf. Der Bildschirm wurde grün, nichts ging mehr“ (#3)
„Hanna & Co machte Probleme unter XP. Erst beim Einspielen eines Patches half das Problem zu lösen“ (#9)
„Wir hatten kein DVD-Laufwerk. Ich musste alle Programme auf einen USB-Stick ziehen. Installations-Datei war nicht leicht zu finden“ (#19)
„Das Sicherheitssystem unserer PC's musste umgangen werden, sonst wurde das Programm bei jedem Neustart wieder gelöscht“ (#25)
„About Jobs, Archimedes, Show Me und Sicher im Verkehr konnten unter XP nicht geladen werden“ (#30)

Der überwiegende Teil der befragten Lehrkräfte schätzten die eingesetzten Programme als stabil ein (22 von 30 Befragten). Vier Personen schätzten das Handling als instabil ein, vier Pädagogen trafen dazu keine Aussage (Abbildung 18).

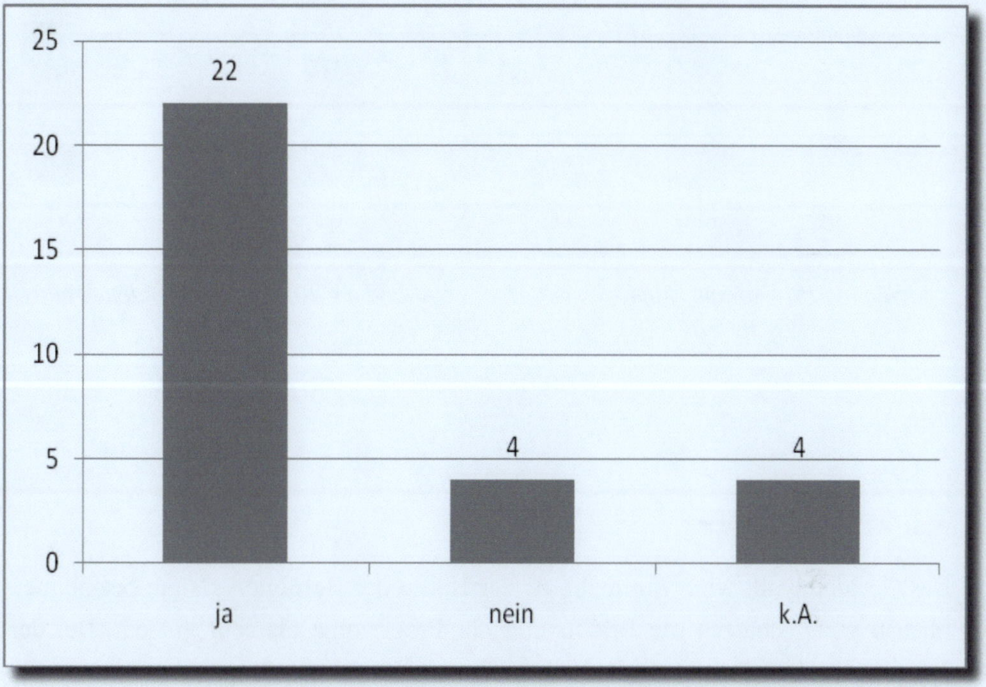

Abbildung 18: Läuft das Programm stabil? (n=30)

Fast drei Viertel aller Befragten schätzen das Handbuch des jeweiligen Programmes bei Problemen als nicht nötig ein (Abbildung 19). Darunter waren auch vier Pädagogen, die die Installation der Programme als befriedigend bis schlecht einschätzten. Dementsprechend konnten auch mehr als die Hälfte der Lehrkräfte keine Aussage darüber treffen, ob es hilfreich war, da sie gar nicht erst hineingeschaut hatten (Abbildung 20). Diejenigen, die es hilfreich fanden, schätzen den Gebrauch als nötig ein (4 von 10). Zwei Pädagogen, die die Installation als schlecht oder befriedigend einschätzten, gaben an, das Handbuch nicht nötig zu haben, schätzen es dann aber nach der Einsicht als nicht hilfreich ein.

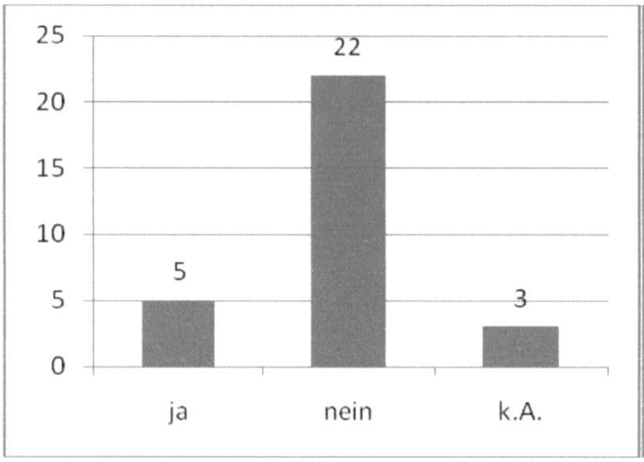

Abbildung 19: War das Handbuch nötig? (n=30)

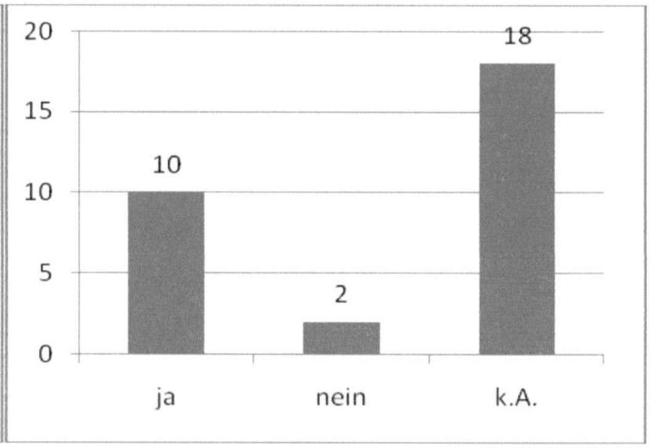

Abbildung 20: War das Handbuch hilfreich? (n=30)

4.3.4.2 Gestaltung

Das Gesamtlayout wird von mehr als der Hälfte der Befragten als gut bezeichnet. Ebenso viele schätzen die Bildqualität der Programme als sehr gut ein. Bei der Tonqualität, der Sprachausgabe und bei Geräuschen in den Programmen waren die Lehrkräfte etwas vorsichtiger: Nur sieben schätzen diese Bereiche als sehr gut ein, der überwiegende Teil als gut und drei als befriedigend. Auch bei der Schriftart und -größe nahmen einige Pädagogen Einschränkungen vor. Schlechte oder sehr schlechte Einschätzungen gab es bei diesen Items nicht (Abbildung 21)

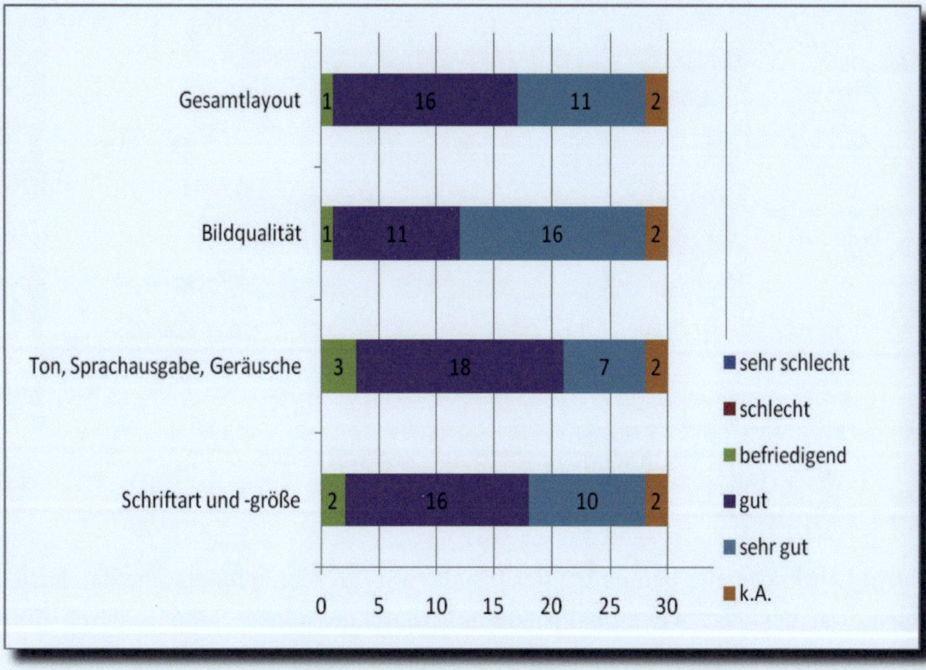

.Abbildung 21: Wie beurteilen Sie …? (n=30)

4.3.4.3 Benutzerfreundlichkeit

Die Benutzerfreundlichkeit wird von allen Befragten als sehr gut eingeschätzt. Schlechte Bewertungen gab es keine. Mehr als die Hälfte (16 von 30) schätzten die Navigation als logisch aufgebaut ein, sieben hatten absolut keine Einwände. Noch mehr (18 von 30) schätzten die Software insgesamt als sehr gut intuitiv bedienbar ein, ebenfalls sieben hatten absolut keine Einwände hinsichtlich der Bedienbarkeit. Einige (3 bzw. 4) konnten dazu keine eindeutige Auskunft geben.

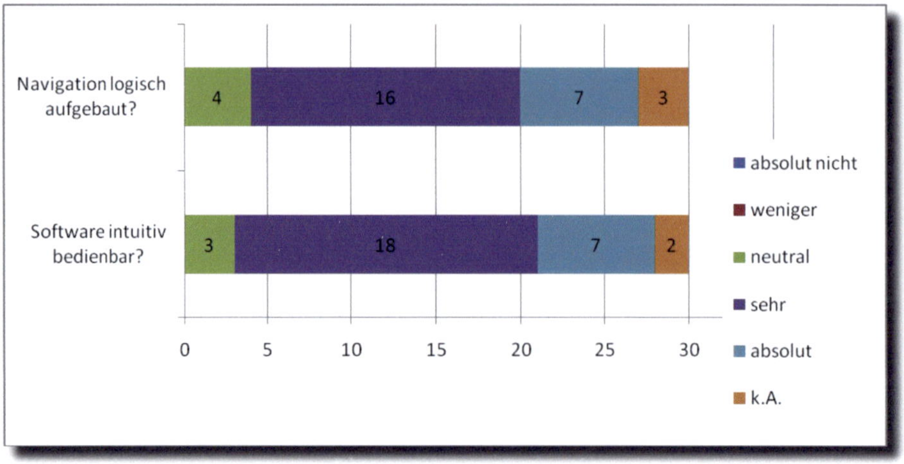

Abbildung 22: Ist die…? (n=30)

4.3.4.4 Support

Die acht Lehrkräfte, die bereits bei der Installation Probleme hatten, melden auch Probleme an bei dem weiteren Programmverlauf, der einen Support durch die Möglichkeiten nahegelegt hätte, die in Abbildung 23 aufgeführt sind. 22 Lehrkräfte gaben an, keine weiteren Probleme zu haben.

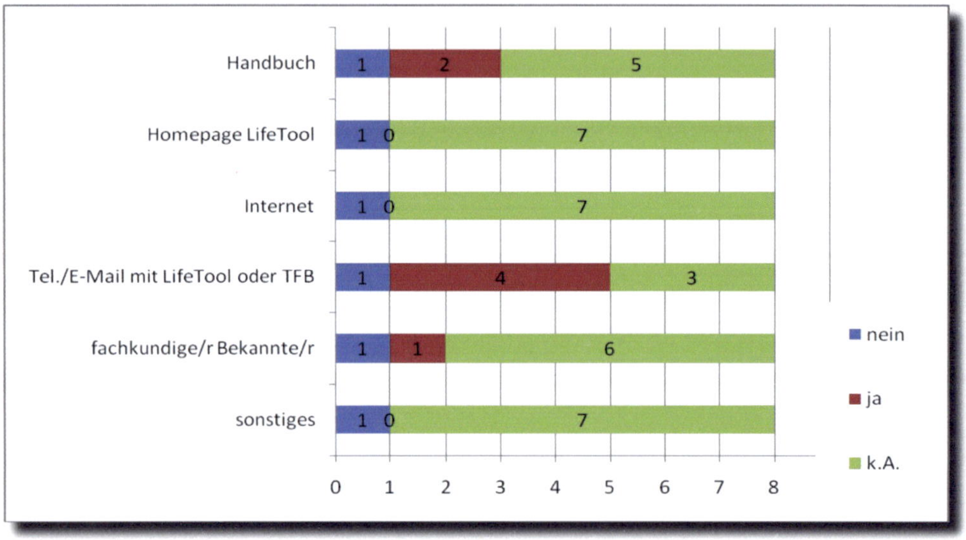

Abbildung 23: War die Suche nach einer Lösung mit/ über/ durch … , wenn Sie ein Problem hatten, hilfreich? (n=8)

Die acht Befragten mit Problemen gaben jedoch kaum Auskunft darüber, welche Angebote der Hilfe sie wahrnahmen und ob sie hilfreich waren. Die Hälfte der Personen mit technischen Problemen fand den Support direkt über Telefon oder durch E-Mail-Kommunikation mit LifeTool oder TfB hilfreich. Einer Person war auch damit nicht geholfen. Zu den Handbüchern griffen zwei Lehrkräfte und fanden diese Hilfe auch nützlich, was übereinstimmt mit ihrer Bewertung des Handbuches bereits bei der Installation (vgl. Kapitel 4.2.4.1).

4.3.4.5 Nutzung der Programmeinstellungen

Die Programmeinstellungen wurden regelmäßig von den meisten der Lehrkräfte verwendet. Dabei schätzen fast alle den Dialog als übersichtlich und selbsterklärend ein. Dies drückt sich auch in den verschiedenen individuellen Einzelaussagen der Lehrkräfte aus (vgl. Kapitel 4.3.6). Weitergehende Einstellungs- und Modifikationsmöglichkeiten der Programme blieben jedoch ungenutzt.

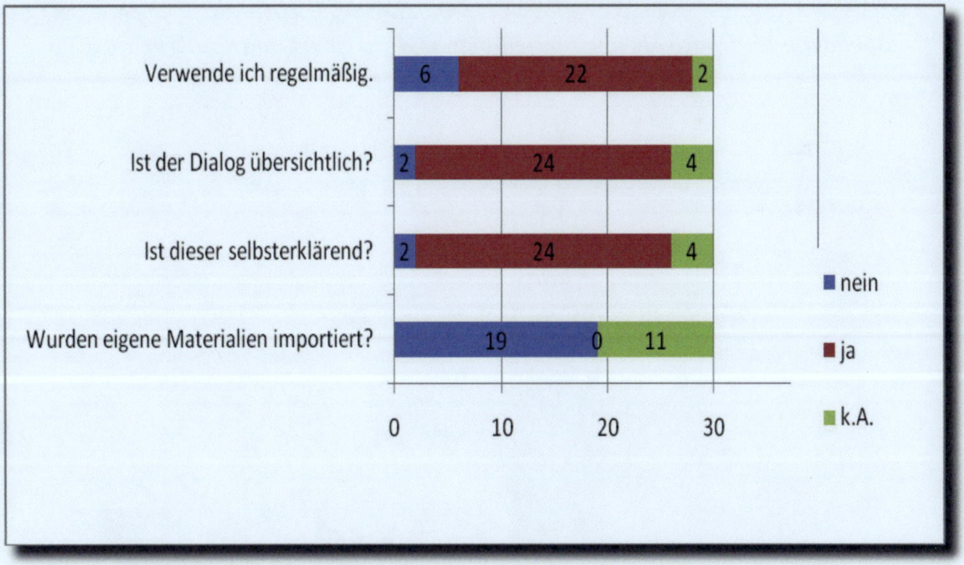

Abbildung 24: Fragen zur Nutzung der Programmeinstellung. (n=30)

Alle Lehrkräfte haben die meisten Einstellungsmöglichkeiten kennen gelernt, 13 gaben an, fast alle probiert zu haben und schätzen diese auch „genau richtig“ ein. Drei Lehrkräfte machten dazu keine Angaben, gaben dafür aber auch keine Gründe an.

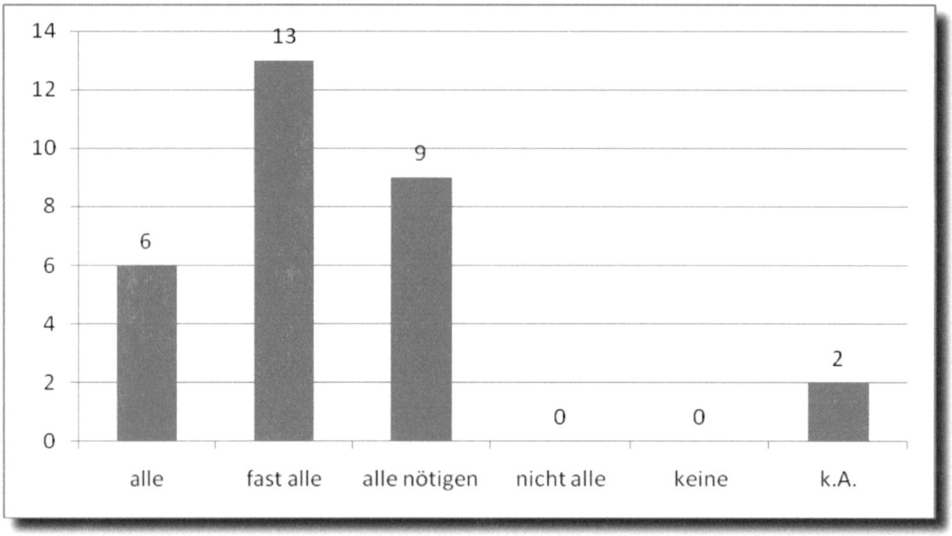

Abbildung 25: Haben Sie alle Einstellungsmöglichkeiten kennen gelernt? (n=30)

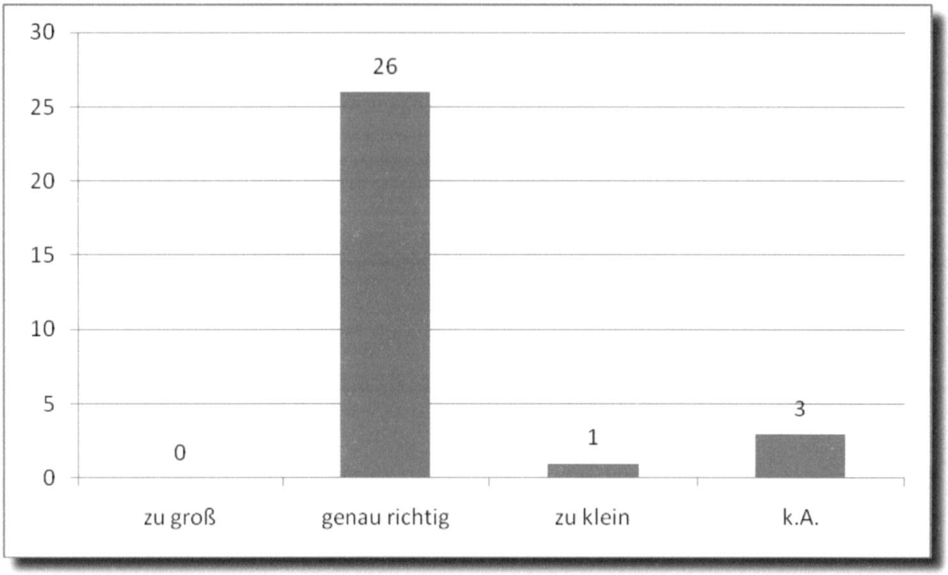

Abbildung 26: Die Anzahl der Einstellungsmöglichkeiten ist…? (n=30)

Zwei Lehrkräfte, die Einstellungsmöglichkeiten für „genau richtig“ hielten und eine, die sie für „zu klein“ einschätzte, gaben folgende Begründungen an, was ihnen fehlt:

Angaben der Befragten
Lernstandsorientierte, „individuelle Eingaben, z.B. kennen unsere Schüler erst die Großbuchstaben M, R, S, N, L, F. Bei Hanna & Co und Show Me konnte das nicht berücksichtigt werden“ (#12)
„Einstellungen bei Archimedes individueller“ (#20)
„Differenzierte Möglichkeiten, angepasst an die Behinderung“ (#9)

Es wird davon ausgegangen, dass alle 30 Befragten zumindest einmal Erfahrungen mit der Auswertungsstatistik gemacht haben, um beurteilen zu können, ob sie verständlich ist und genügend Informationen enthält. Von denen, die angaben, die Statistik nicht zu nutzen (17/30), waren acht darunter, die angeben konnten, dass sie verständlich sei.

Von den neun Befragten, die angaben, die Statistik zu nutzen, gaben vier an, sie nicht auszudrucken, drei tun dies und zwei gaben dazu keine Auskunft.

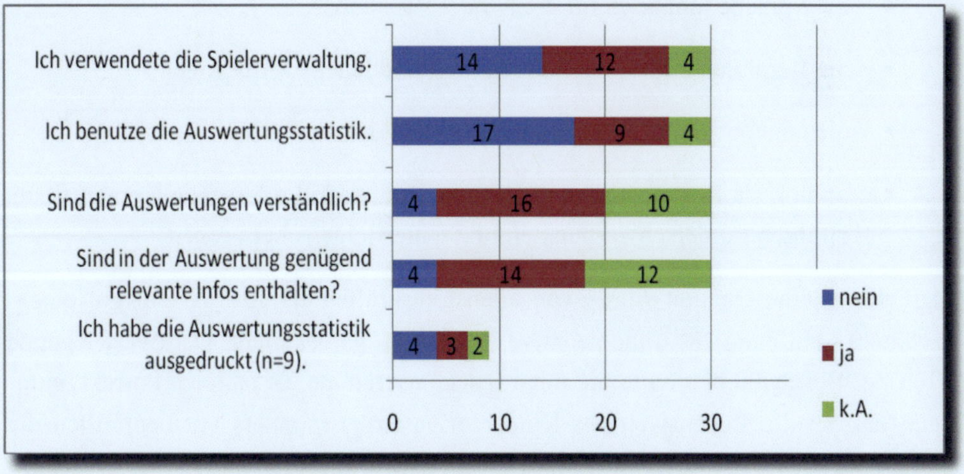

Abbildung 27: Spielerverwaltung (n=30)

Zwei Lehrkräfte merkten zur Spielerverwaltung folgende Mängel an:

Angaben der Befragten
„Bei Kon-Zen ist es nur möglich, die ‚Tagesleistung' auszudrucken. Beim nächsten Spiel kann man darauf nicht zurückgreifen. Schön wäre es, wenn eine Tabelle erstellt werden könnte, die Steigerungen in Ausdauer bzw. Zeit oder Spiel und Schwierigkeitsgrad dokumentieren, also Verlauf" (#2)
„Bei ‚Sicher im Verkehr' fehlt ein Hinweis, dass das ‚Auto fahren' nur funktioniert, wenn man vorher das Quiz macht" (#19)

4.3.5 Einschätzung der fachlichen Qualität

4.3.5.1 Allgemeine fachliche Qualität

Im Bereich „Fachliche Qualität" werden vor allem die fachliche Korrektheit und Güte, der pädagogisch-didaktische Nutzen und die Einsetzbarkeit der Übungsinhalte im Unterricht bewertet. Dabei wurden die Lehrkräfte um ihre Einschätzung gebeten, ob

- die Übungsinhalte fachlich korrekt,
- die Sprache inhaltlich für die Kinder verstehbar,
- die Lerninhalte für die Kinder aktuell und lebensweltbezogen,
- die angebotenen Hilfestellungen für die Kinder verständlich sind
- und ob sie Bezüge zu den geltenden, ministeriell erlassenen Kerncurricula zu ihren Förderschwerpunkten und Unterrichtsfächern sehen.

Die allgemeine Qualität wurde von allen Lehrkräften als gut bis sehr gut eingeschätzt (Abbildung 28). Eine negative Bewertung gab es nicht. Der überwiegende Teil der Befragten beurteilte die Inhalte der Programme als fachlich korrekt, aktuelle und an der Lebenswelt der Kinder orientiert. Besonders gut beurteilten die Pädagogen die für Kinder verständliche Sprache und die verständlichen Hilfen im Programm.

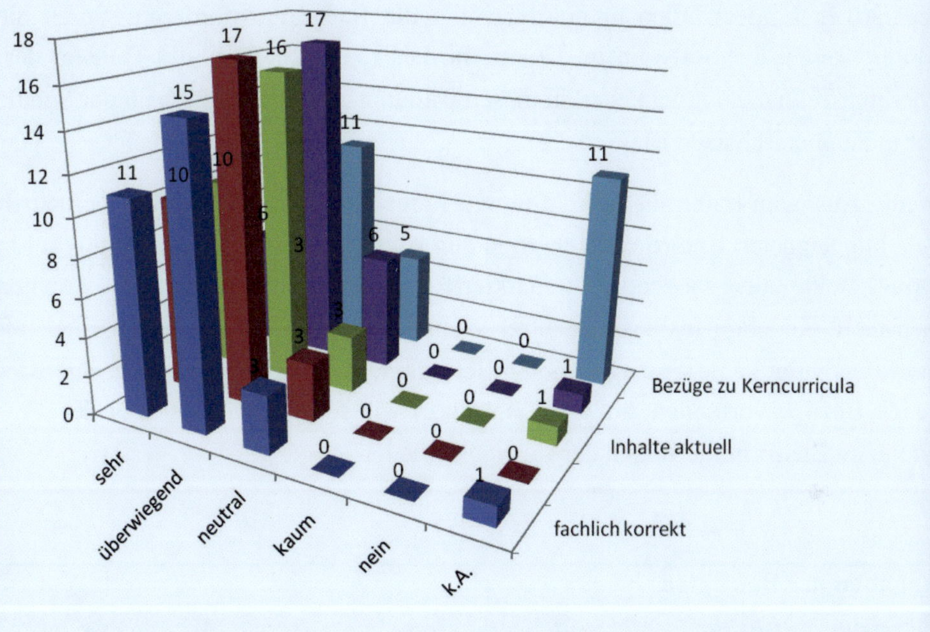

	sehr	überwiegend	neutral	kaum	nein	k.A.
fachlich korrekt	11	15	3	0	0	1
Sprache verständlich	10	17	3	0	0	0
Inhalte aktuell	10	16	3	0	0	1
Hilfen verständlich	6	17	6	0	0	1
Bezüge zu Kerncurricula	3	11	5	0	0	11

Abbildung 28: Sind die Übungsinhalte fachlich korrekt? (n=30)

Fast alle Lehrkräfte (24 von 30) gaben an, dass nicht viel Einarbeitungszeit für die Kinder nötig war und die Software selbstständiges Arbeiten erlaubt (26 von 30 Lehrkräfte) und den Kindern Erfolgserlebnisse vermittelt (27 von 30, Ergebnisse sind hier nicht grafisch dargestellt). 19 Befragte waren der Auffassung, dass durch die Programme die Integration von behinderten Kindern im Unterricht gefördert werden kann. Drei Lehrkräfte stimmten dem nicht zu und acht machten dazu keine

Aussage. Dieses Ergebnis ergibt sich aus dem Umstand, dass diese Lehrkräfte in separativen Förderschulen unterrichten und die Integrationsförderung durch die Möglichkeiten der Software im Unterricht daher schlecht bzw. der Transfer der erlernten Teilhabemöglichkeiten in diesen Bildungsbereichen außerhalb der Schule gar nicht einzuschätzen ist.

Wenig Aussagen trafen die Lehrkräfte zur Frage nach Bezügen zu den Kerncurricula in geeigneten Unterrichtsfächern in den jeweiligen Förderschwerpunkten. Ein Drittel stellte „überwiegende" (+ markiert) Bezüge fest. Fünf Lehrkräfte konnten sich nicht eindeutig festlegen (neutral, o markiert), aber ein weiteres Drittel traf dazu überhaupt keine Aussage. Die 14 Befragten, die sehr deutliche oder überwiegende Bezüge vorfanden, äußerten sich dazu wie folgt bzw. fanden in den Programmen Zielformulierungen der Curricula wieder:

Angaben der Befragten
„Programme/Übungen sind kleinschrittig einstellbar mit vielen Variationsmöglichkeiten, gute Möglichkeit zur Differenzierung", und damit „Arbeit mit schuleigenen Lehrplänen in Anlehnung an Kerncurricula bzw. individuelle Förderpläne" möglich (#4)
„Mathematik: Pränumerik super gelungen und Aufbau sehr eng ans Kerncurriculum gebunden" (#12)
„Motivation zur Kommunikation entwickeln; schriftliche Symbole (Bilder, Buchstaben) erkennen und übertragen; Zusammenfügen von Buchstaben und Silbenfolgen zu Wörtern; Erleben, Zeigen, Benennen von gleich und ungleich; Raum-Lage-Beziehungen; Reihenbildung; Zahlen als Symbol erkennen, zählen können, Formen kennen ,Verkehrserziehung" (#21)

4.3.5.2 Didaktisch-pädagogische Qualität

Auch die didaktisch-pädagogische Qualität im Speziellen wird von allen Befragten als gut bis sehr gut bewertet (Abbildung 29). Dennoch beurteilen die Lehrkräfte die Programme mit detaillierten pädagogischen Kriterien etwas kritischer: Die didaktisch-pädagogische Aufbereitung des Programms, der Aufgaben und Übungen wurden von fast alles (27 von 30) als gut bis sehr gut bewertet. Auch die

Einstiegsmotivation in die Themen zu Beginn der Übungen, die Methoden der Aufrechterhaltung der Motivation und die Führung durch die Lernwege schätzten fast alle Lehrkräfte als gut bis sehr gut ein. Auch den Wechsel zwischen den Lernwegen, ganz besonders die Einstellung der Schwierigkeitsgrade, die Lernzielkontrollen bzw. die Leistungsbewertung und das Belohnungssystem der erprobten Programme stuften fast alle Pädagogen als gut bis sehr gut ein.

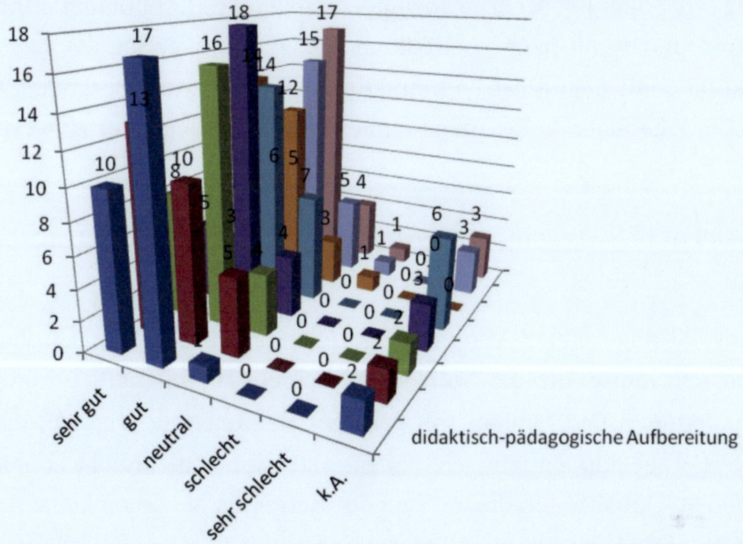

	sehr gut	gut	neutral	schlecht	sehr schlecht	k.A.
didaktisch-pädagogische Aufbereitung	10	17	1	0	0	2
Einstiegsmotivation	13	10	5	0	0	2
Aufrechterhaltung	8	16	4	0	0	2
Führung	5	18	4	0	0	3
Wechsel	3	14	7	0	0	6
Schwierigkeitsgrade	14	12	3	1	0	0
Lernzielkontrollen	6	15	5	1	0	3
Belohnung	5	17	4	1	0	3

Abbildung 29: Didaktisch-pädagogische Qualität (n=30)

4.3.5.3 Einsatz im Unterricht

Hinsichtlich der Einsetzbarkeit der Software in ihrem Unterricht wurde mit dem Begriff der „Lerneffizienz" mit der fünfstufigen Skala (sehr gut bis sehr schlecht) und den Förderschwerpunkten gefragt, die die Lehrkräfte in ihrer Arbeit mit den Schülerinnen und Schülern, denen die Software angeboten wurde, sehen, also bei Beeinträchtigungen des Lernens (LE), der körperlich-motorischen (KME), geistigen Entwicklung (GE) oder bei Mehrfachbehinderungen (MF) (Abbildung 30). Da diese Förderschwerpunkte bislang noch durch das separative Schulsystem in Deutschland institutionell begründet und strukturiert sind, werden besonders bei diesen Ergebnissen erhebliche Verzerrungen unterstellt. Eine Lehrkraft antwortete daher:

„Diese Frage kann so nicht beantwortet werden, denn Integration findet nicht am PC statt."

Die in Abbildung 30 angezeigten Verteilungen ergeben sich aus dem Umstand, dass die meisten Lehrkräfte, die die Software erprobten, an separativen Förderschulen mit Schülerinnen und Schüler mit geistiger Behinderung arbeiten, diese auch erhebliche Lernbeeinträchtigungen haben und damit mehrfache Förderschwerpunkte bilden. Daher trafen die meisten der Befragten hier auch keine Aussage. Von den 52 Lehrkräften, die eine Beurteilung abgaben, schätzen 44 jedoch die Lerneffizienz für alle Schwerpunkte als gut bis sehr gut ein.

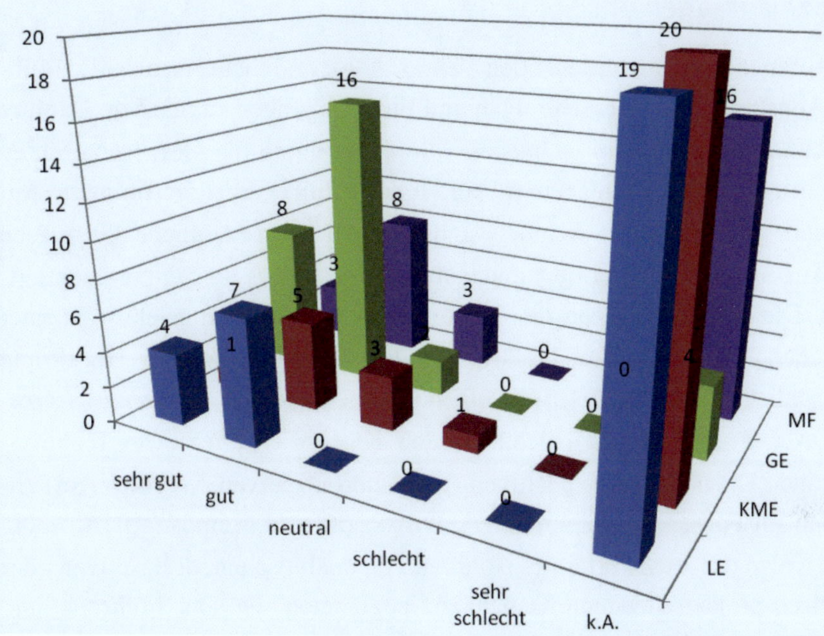

	sehr gut	gut	neutral	schlecht	sehr schlecht	k.A.
LE	4	7	0	0	0	19
KME	1	5	3	1	0	20
GE	8	16	2	0	0	4
MF	3	8	3	0	0	16

Abbildung 30: Einsatz im Unterricht (n=30)

4.3.6 Einzelaussagen zur Software

Durch die offenen Fragen wurde es den Lehrkräften ermöglicht, genauere und individuelle Angaben zu ihren Erfahrungen und Einschätzungen zu machen. Darüber hinaus fanden im Rahmen des technischen Supports durch die Gesellschaft TfB oder als vertiefende Einzelinterviews per Telefon mit vorher bestimmten Ansprechpartnern mit einzelnen Schulen und Lehrkräften persönliche Gespräche statt. Die Aussagen wurden notiert und durch einen Mitarbeiter unkommentiert übermittelt. Die Aufzeichnungen der Telefoninterviews wurden selektiv in einer herkömmlichen MS-Word-Datei literarisch transkribiert. Die kurzen Transkripte wurden anschließend aufbereitet, weitestgehend „geglättet" (vgl. *Kuckartz/ Grunenberg/ Dresing* 2007, S. 45), deduktiv den Kategorien „Fehler", „Technik", „Sprache" und „Didaktik" nach positiven (grün) und negativen Aspekten (rot) zugeordnet und im Folgenden dokumentiert. Postskripte und Memos (vgl. *Strübing* 2004, S. 82), also das stichwortartige Notieren von analytischen, deskriptiven oder organisatorisch-projektrelevanten Gedanken, begleiteten die Durchführung und Aufbereitung sowohl der Fragebögen als auch des Interviewmaterials.

Archimedes. Rechnen lernen und üben im Zahlenraum bis 100	
TECHNIK	*Das Desktopsymbol zeigt die Bezeichnung des Programms und auch die Sprache an. Hier z.B. Deutsch. Das verunsichert manche Schüler, die dann nicht mehr wissen, ob sie ein Deutsch- oder Mathematikprogramm öffnen sollen.*
DIDAKTIK	*Rechenwege nicht immer gut nachvollziehbar, bildliche Anschauung nicht durchgehend.*
DIDAKTIK	*Mengenvergleich, Zählen und Rechnen mit Selbstkontrolle war nur bis Zahlenraum 10 problemlos möglich.*
DIDAKTIK	*Übungen z.T. sehr langatmig, Aufmerksamkeit der Schüler ließ schnell nach.*

Archimedes. Rechnen lernen und üben im Zahlenraum bis 100	
DIDAKTIK	*Gut anwendbar und auf die Entwicklungsstände der Schüler angepasst.*

DIDAKTIK	*Bietet viel Zerlegen und veranschaulicht Addition und Subtraktion mit abnehmender Visualisierung.*

Sicher im Straßenverkehr. Mein erster Führerschein.	
TECHNIK	*Bei ,Sicher im Verkehr' fehlt ein Hinweis, dass das ,Auto fahren' nur funktioniert, wenn man vorher das Quiz macht.*
DIDAKTIK	*Zu wenig Rückmeldung bei Fehlern.*
DIDAKTIK	*„Loopfunktion" ist an einigen Stellen überflüssig.*
DIDAKTIK	*Beim Tutorial fehlen Negativbeispiele.*
DIDAKTIK	*Für schwache Schüler zu komplex.*
DIDAKTIK	*Zielgruppe unklar.*
DIDAKTIK	*Es fehlt ein Hinweis, dass das „Auto fahren" nur funktioniert, wenn man vorher das Quiz gemacht hat.*
FEHLER	*Rechtschreibfehler: „Wenn der Krankenwagen im Einsatz ist, fährt er mit eingeschalteter (m) Blinklicht.*

Sicher im Straßenverkehr. Mein erster Führerschein.	
DIDAKTIK	*Die Lektionen können in verschiedene Schwierigkeitsgrade eingeteilt werden.*
DIDAKTIK	*Für Schüler mit körperlichen Behinderungen gut einsetzbar.*
DIDAKTIK	*Sehr simples Spiel, finden Schüler toll.*
DIDAKTIK	*Hoher Aufforderungscharakter, Schüler wollten immer den Tank füllen und das Autorennen neu starten.*

Euro. Mit Geld rechnen.	
DIDAKTIK	*In der „Lebenswelt" z.T. unpassende Beispiele (Handy kann ein bis 300€ kosten).*
DIDAKTIK	*Mit „echtem" Spielgeld einfach, anschaulicher und kostengünstiger.*

Euro. Mit Geld rechnen.	
DIDAKTIK	*Guter und sinnvoller Aufbau der Übungen, viele Differenzierungsmöglichkeiten (viel Auswahl auf vielen Stufen!).*
DIDAKTIK	*Hohe Motivation, großer Lernerfolg, gute Darstellung.*
DIDAKTIK	*Hohes Maß an Eigengestaltung möglich und nötig.*
DIDAKTIK	*Durch Fotos gut aufbereitet.*

About Jobs. Ein Bildungsprogramm zum Thema Berufe.	
TECHNIK	*Eine Erklärung des lkons „Schloss" fehlt.*
DIDAKTIK	*Zielgruppe unklar.*
DIDAKTIK	*Für ältere Schüler mit körperlicher, aber keiner geistigen Behinderung zu einfach, daher unattraktiv.*
DIDAKTIK	*Für Schüler mit geistiger Behinderung nicht passend zur Lebenswelt, da Berufserfahrungen eher in Richtung Werkstatt geht.*

Hanna & Co Plus. Programm für das Lese- und Rechtschreibtraining.	
TECHNIK	*Trotz Buchstabenauswahl bekommt man im Verlauf des Programms doch wieder Wörter mit anderen Buchstaben.*
SPRACHE	*Österreichischer Akzent fällt stark auf, z.B. die kurzen Vokale, Zungenspitzen-R, stimmhaftes /s/ im Anlaut.*
SPRACHE	*Z.T. sind auch im „Deutschmodus" österreichische Begriffe, mit denen die Schüler nichts anfangen können.*
SPRACHE	*Bestimmte Begriffe ungewöhnlich, z.B. Mistkübel für Müll, Schulfeder für Füller usw.*
DIDAKTIK	*Texte der Leseuhr sollten inhaltlich auch für ältere Schüler interessant gestaltet werden, also nicht mit Thema Kindergarten, sondern z.B. Freizeit.*
DIDAKTIK	*Für Leseanfänger (schwache Schüler, geistig Behinderte) zu wenig Angebot auf unterem Niveau.*
DIDAKTIK	*Akustische Aussagen in Übungen häufig nicht auf Abruf wiederholbar.*

Hanna & Co Plus. Programm für das Lese- und Rechtschreibtraining.	
DIDAKTIK	*Ist toll, kann ergänzend zum Lesen und Schreiben lernen eingesetzt werden.*
DIDAKTIK	*Gute Ideen zu Einstellungsmöglichkeiten, z.B. Buchstabenauswahl möglich.*
DIDAKTIK	*Hat gute Analyse- und Syntheseaktivitäten, die ich sonst auf Arbeitsblättern anbiete.*

Kon-Zen. Ein Programm für Konzentration- und Denktraining.	
DIDAKTIK	*Bei Kon-Zen ist es nur möglich, die ‚Tagesleistung' auszudrucken. Beim nächsten Spiel kann man darauf nicht zurückgreifen. Schön wäre es, wenn eine Tabelle erstellt werden könnte, die Steigerungen in Ausdauer bzw. Zeit oder Spiel und Schwierigkeitsgrad dokumentieren, also Verlauf.*
DIDAKTIK	*Bei der Einstellung für Fortgeschrittene gibt es nur noch Kreise, das ist viel zu schwer für einige Schüler.*

Kon-Zen. Ein Programm für Konzentration- und Denktraining.	
DIDAKTIK	*Gute Übungen, insbesondere für schwächere Schüler mit Wahrnehmungsstörungen.*
DIDAKTIK	*Die individuellen Einstellungen sind sehr gut.*

Show Me AAC. Ein Programm zum Erlernen und Üben von Begriffen.	
FEHLER	*Buchstaben Fortgeschrittene: T wird U gesprochen und umgekehrt (Stufe 4 und 5).*
DIDAKTIK	*Instruktionen, was zu tun ist vor jeder Lektion fehlen bzw. sind schwer zu finden. Sollte beim ersten Start der Lektion automatisch erscheinen.*
DIDAKTIK	*Die Profilauswahl der Schülerkonten ist zu kompliziert gestaltet.*

DIDAKTIK	*Wiederholung der Aussagen problematisch für begleitende Person.*
DIDAKTIK	*Zeichnungen nicht gut, Zeichnung in der Art von Metacom-Symbolen wären besser.*
DIDAKTIK	*Nur PCS-Symbole werden alternativ angeboten, in Niedersachsen werden aber die meisten Kinder die Boardmaker-Symbole kennen.*

Show Me AAC. Ein Programm zum Erlernen und Üben von Begriffen.	
DIDAKTIK	*Wurde oft und gerne genutzt, insbesondere für schwächere Schüler viele Variationsmöglichkeiten, gute Alternative zu bisherigen Programmen.*
DIDAKTIK	*Version auf Englisch hat den Schülern viel Spaß gemacht.*

Allgemeine Rückmeldungen	
– ***SPRACHE***	*Jänner kennt hier niemand.*
– ***TECHNIK***	*PC-Ausstattung und mangelnder Support frustriert.*
– ***ALLGEMEIN***	*Mehr Dialog mit Firmen, um Feedback geben zu können.*
– ***ALLGEMEIN***	*Es fehlt eine unabhängige Beratungsstelle in Hannover für Hilfsmittel zur UK, die nichts mit dem Vertrieb zu tun hat.*
+ ***DIDAKTIK***	*Schüler können sich ohne Sprache mitteilen, entdecken Fähigkeiten, die sonst nicht so deutlich sind.* *Besonders die Spiele mit individuellen Einstellungen haben begeistert.*
– ***DIDAKTIK***	*Der Wechsel zwischen Spielern individuell in einem Spiel bzw. das Anmelden mehrerer Spieler gleichzeitig hat mir bei der Nutzung gefehlt.*

+ ***DIDAKTIK***	*Durch die klare Strukturierung der Programme und klare Grafik großer positiver Unterschied zu anderen gängigen Programmen.*
+ ***DIDAKTIK***	*Die Software arbeitet kleinschrittig, motiviert und ist geduldig bei jedem Fehler. Vor allem lässt sie nur bestimmte Handlungen zu, sie strukturiert das Arbeiten und Lernen der Kinder.*
– ***DIDAKTIK***	*Engere Bindung der Schüler zu den Arbeitsaufträgen in der Klasse wäre gegeben, wenn ausdruckbare Arbeitsblätter enthalten wären bzw. man Bildmaterial der bearbeiteten Themen ausdrucken könnte.*

5 Zusammenfassung

Nur der Hälfte der befragten Lehrkräfte steht in ihrem Unterricht die entsprechende assistive und kompensierende Hardware zur Verfügung für die angemessene Bedienung der Computer durch die Schülerinnen und Schüler mit körperlich-motorischen und/oder geistigen Beeinträchtigungen. Dabei handelt es sich um gängige Instrumente und Technologie der UK. Darüber und auch über nicht-elektronische externe und körpereigene unterstützende Kommunikationsformen verfügen die befragten Lehrkräfte über ein breites Wissen. Die Lehrkräfte, denen die technischen Möglichkeiten zur Verfügung stehen, nutzen auch mit ihren Schülern unterrichtsthemenbezogen das Internet und Lernsoftware.

Viele Lehrkräfte beklagen aber eine schlechte elektronisch-technische Ausstattung für ihre Unterrichtsarbeit. Wenn PC im Klassenraum zur Verfügung stehen, dann sind sie mit älteren Betriebssystemen ausgestattet. Häufig fehlt ein DVD-Laufwerk, um entsprechende Software installieren zu können. In mehreren Fällen mussten Lehrkräfte die Hilfe der Gesellschaft TfB in Anspruch nehmen, um die Programme installieren und bedienen zu können. In einzelnen Fällen sind Lehrkräfte in einen separaten, moderneren Computerraum ihrer Schule ausgewichen, was Zeit und unnötige Umstellungen für die Schülerinnen und Schüler mit sich brachte. Viele Pädagogen gaben an, über die technische Ausstattung ihrer Rechner informiert zu sein, gaben aber nur wenig Auskunft darüber. Für die Techniken und Geräte der UK war in den meisten Schulen eine angestellte therapeutische oder pädagogische Mitarbeiterin verantwortlich oder eine Gruppe entsprechend qualifizierter Lehrkräfte. Die Hard- und Software der Computer betreute in den meisten Fällen ein externer Dienstleister.

An den Schulen der befragten Lehrkräfte kam die vorgestellte Software häufig und langfristig zu Einsatz.

Die Installation der Programme lief bei fast allen Teilnehmerinnen und Teilnehmern sehr gut. Auch im weiteren Verlauf liefen die Programme zum überwiegenden Teil stabil. In Einzelfällen wurde Hilfe per Telefon oder E-Mail bei der Gesellschaft TfB, durch das Handbuch oder fachkundige Bekannte herangezogen. Unterstützung durch das Internet oder auf der Homepage von LifeTool wurde nicht genutzt.

Die Zufriedenheit mit der technischen, fachlichen und didaktisch-pädagogischen Qualität der Lernsoftware ist allgemein als hoch einzuschätzen. Darauf weisen die Vielzahl der guten bis sehr guten Bewertungen und das fast vollständige Fehlen von negativen Beurteilungen hin. Die Produkte werden auch in technischer Hinsicht als didaktisch-pädagogisch sehr gut entwickelt eingeschätzt, auch im Vergleich zu anderer, in der Praxis gebräuchlicher Software.

Die Inhalte der Lernsoftware werden für die Kinder als verständlich, relevant, aktuell und motivierend, die Bedienung als einfach und intuitiv bewertet. Auch die fachliche Korrektheit der Inhalte und die ansprechende Gestaltung der Lernsoftware, die sich dabei trotzdem auf das Wesentliche konzentriert und einen *informational overflow* vermeidet, wird von den Pädagogen bestätigt.

Bemerkenswert ist, dass die Spielerverwaltung und Auswertungsstatistik von vielen Pädagogen nicht genutzt wurde, obwohl diese Möglichkeiten hilfreiche Ergänzungen zur pädagogischen Diagnostik und individuellen Förderplanung darstellen könnten, wie eine Lehrkraft positiv betont. Das deutet darauf hin, dass die Lernsoftware überwiegend eher als „spielerisches“ Element im Unterricht zum Einsatz kam, weniger um systematisch die Kompetenzen der einzelnen Schülerinnen und Schülerindividuell zu analysieren und zielgerichtet zur individuellen Förderung zu nutzen. Einzelne Lehrkräfte weisen detailliert und anschaulich auf die didaktischen Möglichkeiten hin.

Als immer wiederkehrendes Problem, insbesondere bei dem Programm zur Förderung der Lese- und Rechtschreibförderung (Hanna & Co Plus), wird der deutliche österreichische Akzent und Wortschatz bei der Sprachausgabe hervorgehoben, der gerade sprachentwicklungsbeeinträchtigten Schülerinnen und Schülern in den Bereichen der phonetisch-phonologischen und semantisch-lexikalischen Entwicklung Schwierigkeiten bereiten wird.

Insgesamt haben alle Lehrkräfte die Software mit Interesse kritisch und kreativ in ihren Unterrichtssituationen angewendet und beurteilten sie als sehr hilfreich im

Rahmen der Möglichkeiten solcher Software für die sonderpädagogische Arbeit. Es wurden die didaktischen Vorteile zur Entlastung der Lehrkraft und zur individuellen Förderung der Schülerinnen und Schüler nachvollziehbar dargelegt und Aspekte der Verbesserung und Veränderung konstruktiv aufgezeigt. Dabei wurde auch der Wunsch nach Unabhängigkeit zwischen fachlicher und technischer Beratung und den Vertriebsfirmen mit ökonomischen Interessen geäußert.

6 Fazit

Lern- und Übungssoftware, die für Schülerinnen und Schüler mit körperlich-motorischen und/oder geistigen Beeinträchtigungen im Unterricht oder in der Einzelförderung genutzt werden soll, muss anders als handelsübliche Lernsoftware wesentlich weiterentwickelter und flexibler sein in Bezug auf die Anforderungsniveau, Darstellung, Sprachausgabe und inhaltlicher Komplexität. Die Bedienbarkeit durch kompatible assistive und kompensierende Hardware bzw. Geräte, gerade für körperlich-motorisch Beeinträchtigte, ist Grundvoraussetzung. Ein weiterer wichtiger Aspekt ist die Dokumentation der Ergebnisse der Nutzer, die zur pädagogischen Diagnostik und Förderplanung genutzt werden kann. Dies ist gerade bei spielerisch gestalteter Lern- und Übungssoftware noch selten der Fall im Vergleich zu funktioneller Therapiesoftware, die eher weniger auf selbsttätigen, spielerischen Umgang abzielt.

Die Programme müssen Flexibilität und Verständlichkeit aufweisen, um den pädagogischen Umgang durch die Lehrkräfte individualisiert selbstständig und unabhängig von der technischen Beratung gestalten und verändern zu können. Die Ergebnisse zeigen, dass diese Möglichkeiten durch die Lehrkräfte in einem hohen Maße ausgenutzt wurden, was an einigen Stellen technische Unterstützung erforderte. Diese sollte in einem persönlichen Rahmen, also vor Ort, telefonisch und/oder per E-Mail erfolgen. E-Tutorials und zusätzliche Fortbildungsveranstaltungen bedürfen umfangreicher zeitlicher Organisation, die gerade im Schuldienst nicht ohne weiteres zu bewerkstelligen ist. Lernnetzwerke für Lehrerinnen und Lehrer wären gangbare und kostengünstige Wege, um bedarfsorientiert technische Unterstützung mit fachlicher Beratung zu verknüpfen. Entsprechende Plattformen enthalten dann Kommunikations- und Kollaborationstools wie Forum, Chat und Wiki, über die sich interessierte Lehrkräfte in Lernnetzwerken zusammenschließen und Erfahrungen austauschen können. Über die E-Mail-Funktion werden sie durch eine/n E-Tutor/in betreut, der/die ebenfalls die Foren moderiert und aktiv Tipps und Neuigkeiten einstellt. Die Kurse können als Blended-Learning-Kurse angeboten (Mischung aus Präsenz- und Onlinelernen), funktionieren aber auch als reine E-Tutorials. Damit ist gewährleistet, dass ortsunabhängig alle interessierten Pädagog/inn/en vom Angebot profitieren können.

Die Checklisten und Leitfragen auf den folgenden Seiten als Ergebnis der hier vorgestellten und interpretierten Ergebnisse sollen Lehrkräften mit wenig Erfahrung im Umgang mit UK und assistiven IKT Orientierung bieten für die Arbeit in der Schule oder einen Leitfaden darstellen für die Evaluation der bisherigen Arbeit.

7 Checklisten zur pädagogische Förderung mit assistiven Technologien und Unterstützter Kommunikation in der Schule

A Checkliste zur Evaluation der Kompetenzen und Ressourcen

✓ **Wer bringt welche Kompetenzen im Bereich UK mit?**

Beispiele: Kenntnisse in Gebärdensprachen, Umgang mit Kommunikationsmappen oder elektronischen Hilfsmittel zur Umfeldsteuerung und Bedienung von Computern.

✓ **Wer bringt welche Kompetenzen im Bereich der IKT mit?**

Beispiele: Software, webbasierte Lernprogramme, Internetdienste oder Homepagegestaltung.

✓ **Welchen Nutzen sollen eher theoretische Kompetenzen (z.B. aus dem Studium) im Kollegium und im Rahmen des Schulprofiles haben?**

Beispiel: Interne Fortbildung, Schulprogrammgestaltung, Recherche aktueller Forschungsergebnisse.

✓ **Welchen Nutzen sollen eher praktische Kompetenzen (z.B. aus Weiterbildungen) im Kollegium und im Rahmen des Schulprofiles haben?**

Beispiel: Informationsabende für Eltern zu den Angeboten gestalten, Ansprechpartner und Multiplikator für Anwendungen in der Schule.

✓ **Wer soll hauptsächlicher Ansprechpartner/Multiplikator sein für Anwendungen der UK und der IKT in eher**

- **unterrichtlichen Fragen?**

  Beispiel: Bedienung der Computeransteuerung bei Lernsoftware im Mathematikunterricht.

- **therapeutischen Fragen?**

  Beispiel: Entwicklungsproximale Bestimmung der Syntax und Lexik eines bestimmten Satzes für den BigMack.

- **technischen Fragen?**

  Beispiel: Installation der Lernsoftware.

✓ **Bestehen Möglichkeiten des ökonomischen Austausches im Rahmen eines Netzwerkes mit firmenunabhängigen Beratern und Fachberatern der Geräte/ Software der Firmen?**

Beispiele: Multiplikator der Schule wird einmal im Monat freigestellt zur Teilnahme eines Arbeitskreises an der nächstgelegenen Universität zum Austausch mit Wissenschaftlern und Studierenden zum Thema UK; die Lehrkräfte nehmen bei Bedarf über einen Internetzugang im Lehrerzimmer an einem E-Tutorium eines Hersteller teil, ein Diskussionsforum und eine FAQ-Liste bieten kurzfristig Ratschläge zu Soft- und Hardwareproblemen.

✓ **Welche Möglichkeiten der Förderung durch Social Sponsoring oder Spenden bieten sich in der Region an?**

- ✓ **Über welche Ausstattung von Hard- und Software verfügt die Schule?**
- ✓ **Wer ist für die Installation und Wartung der schuleigenen Medien und die der Schüler verantwortlich?**

  Beispiel: Firma erscheint nach Terminvereinbarung oder zu regelmäßigen Terminen zur Wartung in der Schule für alle Geräte.

- ✓ **Besteht ein ausgewogenes Verhältnis von Herstellern/ Vertrieben/ Firmen der genutzten Geräte für UK, Hardware und Software?**
- ✓ **(Wie) können PC selbständig von den Schülern bedient werden?**
- ✓ **Sind die PC mit Client-Server- oder anderen Peer-to-Peer-Programmen vernetzt?**
- ✓ **Besteht darüber hinaus spezifische IT-Mobilität?**

  Beispiel: Ein mit UK geschriebener Text von kann Schüler mit einem USB-Stick nach Hause genommen werden; mit einem Beamer werden Aufgaben in einem Lernprogramm erläutert, ein Schüler dokumentiert seine sprachlichen Erfolge mit einem Camcorder.

- ✓ **Werden andere Kommunikationsformen der IKT genutzt bzw. mit Unterrichtsinhalten verbunden?**

  Beispiel: Schüler unterschiedlicher Schulen tauschen sich über Unterrichtshalte in einem Internetforum aus; einzelne Schüler berichten von einem Unterrichtsgang zum nahegelegenen Supermarkt über ein Handy anderen Schülern im parallelen Mathematikunterricht über Preise von Lebensmitteln.

- ✓ **Gibt es im Kollegium einen verbindlichen Konsens über eingesetzte Lernsoftware, deren Ziele und Häufigkeit der Nutzung in Bezug auf Unterrichtsinhalte und individuelle Förderziele?**
- ✓ **Gibt es Evaluationsverfahren zur didaktischen Bewertung der eingesetzten Software?**

  Folgende Kriterien können die Grundlage für Leitfragen zur Bewertung eingesetzter Software darstellen:

1 Gestaltung

1.1 Gesamtlayout

1.2 Bildqualität

1.3 Ton, Sprachausgabe, Geräusche

1.4 Schriftqualität

2 Benutzerfreundlichkeit

2.1 Ist die Navigation aus Lehrersicht (in der Vorbereitung) logisch aufgebaut?

2.2 Ist die Navigation aus Schülersicht (in der Durchführtung) logisch aufgebaut?

2.3 Ist die Software aus Schülersicht intuitiv bedienbar?

3 Programmeinstellungen

3.1 Ist der Dialog übersichtlich?

3.2 Ist der Dialog selbsterklärend?

3.3 Können eigene Materialien/ Dateien importiert werden?

3.4 Ist die Spielerverwaltung aus Lehrer-/Schülersicht intuitiv und einfach bedienbar?

3.5 Ist die Auswertungsstatistik aus Lehrer-/Schülersicht intuitiv und einfach bedienbar?

3.6 Ist die Auswertungsstatistik zu förderdiagnostischen Zwecken für die Lehrkraft nutzbar?

4 Didaktik

4.1 Sind die die Übungsinhalte fachlich korrekt?

4.2 Werden Inhalte/ Aufgaben über die Sprachausgabe und/ oder schriftlich optisch lesbar und inhaltlich verständlich aus Schülersicht dargeboten?

4.3 Sind die Lerninhalte aus Schülersicht aktuell und lebensweltbezogen?

4.4 Bestehen inhaltliche Bezüge zu Kerncurricula bzw. Rahmen- oder Richtlinien der entsprechenden Unterrichtsfächer?

4.5 Wird motivierend in die Übung/ das Spiel eingeführt?

4.6 Wird die Motivation durch Verlaufsgliederung o.ä. aufrechterhalten?

4.7 Gibt es verschiedene Schwierigkeitsgrade?

- ✓ **Einsatzmöglichkeiten:** Sind die eingesetzten elektronischen Hilfsmittel nutzbar für:
  - o … die Ansteuerung von Hilfsmitteln?
  - o … die Umfeldsteuerung?
  - o … die Nutzung von IKT (PC, Internet)?
  - o … Spielmöglichkeiten?
  - o … im Fachunterricht?
  - o … im Beruf?
- ✓ **Raum:** Lichtverhältnisse (z.B. Spiegelungen des Sonnenlichts), Akustik (z.B. Lautstärke der Geräte, Widerhall durch Raum), störende Geräuschquellen (z.B. Pausenklingel, Dehnungsgeräusche des Tastaturmaterials, Verkehrslärm) und Temperatur prüfen.
- ✓ **Zeit:** Ausreichend Aktions- und Reaktionszeit einplanen: es geht nicht um die Schnelligkeit des Produzierens und Verstehens, sondern um die richtige Absicht („Form folgt Intention", *Bindel* 2007).
- ✓ **Interesse:** Sowohl der aktuelle Gesprächspartner als auch die verantwortlichen Lehrkräfte bzw. Ansprechpartner insbesondere für den technischen Support sollen über die rein technischen Aspekte für die UK als Ausdrucksmittel Bereitschaft entwickeln, sich für biografische und lebensweltbezogene Aspekte der Persönlichkeit der Schüler zu interessieren.
- ✓ **Intuition:** Ein intuitives, situatives und an der Schülerbiografie orientiertes Maß an Interpretation für die Schüleräußerung entwickeln: Sprache ist auch mit UK eine Ko-Produktion („Mit dem Herzen hören").

- ✓ **Zurückhaltende Skepsis:** Der Gesprächspartner sollte stets die Möglichkeit in Betracht ziehen, auch eine plausibel erscheinende Äußerung falsch verstanden zu haben, dies aber nicht ausdrücken, sondern lieber nachfragen oder neutral bleiben.

- ✓ **Ertragen lernen:** Missverstehen und Nichtverstehen ertragen lernen: nicht zu verstehen und nicht verstanden zu werden ist für beide Gesprächspartner nicht leicht zu ertragen, besonders in schulischen Lernsituationen mit definierten Unterrichtszielen. Tauschen Sie sich z.B. im Rahmen kollegialer Fallberatungen mit Kollegen darüber aus.

- ✓ **Responsives Verhalten:** Es kann kommunikationsfördernd sein, bereits nach jeder Sinneinheit während eines Äußerungsaktes nonverbal (Nicken, Blinzeln, Handbewegung) oder verbal (Einsatz von Interjektionen und Antwortpartikeln, z.B. *„hm"*, *„ah ja"*, *„oder?"*) Rückmeldung zu geben.

- ✓ **Alternativen:** Bei vertrauten Gesprächspartnern kann bei Verständnisproblemen auf alternative Bausteine verwiesen werden (*„Ich habe es damit nicht verstanden. Zeige es mir bitte auf einem der Fotos"*).

- ✓ **Syntax erweitern:** Den Grundprinzipien der entwicklungsproximalen Förderung und Sprachtherapie folgend (*Dannenbauer* 1999) in lebensweltlich validen und situativ-pragmatisch plausiblen Situationen (*Dannenbauer* 1987, S. 51f.) Äußerungen der Schüler semantisch erweitern (Extension) oder lexikalisch oder syntaktisch ergänzen (Expansion). *Beispiel: Kind zeigt: Papa – gehen – Eis. Lehrkraft: Der Papa kommt. (Expansion). Kind: Ja. Lehrkraft: Dann geht ihr ein Eis essen. Kind: Ja. Lehrkraft: Ein Schokoladeneis? (Extension).*

- ✓ **Verbale Sprache reflektieren:** Mit metasprachlichen Strategien und Abrufhilfen (*cues*) zur reflektierten Äußerung anregen, z.B.:
    - Prozedurale Hinweise (z.B. nach der Funktion fragen, Pantomime)
    - Episodische Hinweise (persönlicher Bezug: „*Das hattest du vorhin in der Hand!*“)
    - Semantische Hinweise (z.B. Umschreibung, Oberbegriffe, Wortfelder)
    - Phonologische Hinweise (z.B. Reimwort: „*Klingt das so ähnlich wie…?*“)
    - Graphemische oder piktografische Hinweise

- Computer und Software nur dann einsetzen, wenn sie analogen Medien wirklich didaktisch überlegen sind (Aufwands-/ Nutzenrelation).
- Jugendschutz beachten und ggf. Einstellungen vornehmen.
- Morphologie und Syntax als wichtige Ordnungsstruktur der Sprache kennen lernen durch Nutzung von Suchmaschinen (z.B. Infinitiv, Oberbegriffe etc.)
- Übungen zur Phonem-Graphem-Korrespondenz (z.B. aktivierte Rechtschreibkorrektur in MS Word®).
- Übungen zur Subjekt-Verb-Kongruenz (z.B. durch automatische Grammatikkorrektur in MS Word®).
- Übungen zu Ober-/Unterbegriffsbildung bei Internetrecherchen
- Buchstabenkenntnis (Tastatur)

8 Literatur

- *Arnusch, G., Pivit, C.* (1996): Was ist Unterstützte Kommunikation? In: ISAAC Deutschland (Hrsg.). 9-48

- *Bindel, R.* (2007): Kognitives Modellieren als didaktisches Prinzip. In: Kohlberg, T. (Hrsg.): Sprachtherapeutische Förderung im Unterricht. Stuttgart, S. 144 - 160.

- *Boenisch, J.* (2008): Sprachförderung unterstützt kommunizierender Kinder. In: Zeitschrift für Heilpädagogik 12, S. 452 – 460.

- *Boenisch, J.* (2009): Kinder ohne Lautsprache. Grundlagen, Entwicklungen und Forschungsergebnisse zur Unterstützten Kommunikation. Karlsruhe: von Loeper.

- *Braun, O.* (2002): Sprachstörungen bei Kindern und Jugendlichen. Stuttgart: Kohlhammer.*Braun, U.* (Hrsg.) (1994): Unterstützte Kommunikation. Kinder mit cerebralen Bewegungsstörungen. Verlag Selbstbestimmtes Leben: Düsseldorf.

- *Braun, U. (*1995): Unterstützte Kommunikation – ein Weg aus der Isolation nichtsprechender Menschen. In: Forum Logopädie, Heft 4, November 1985, 7-12.

- *Dannenbauer, F.M.* (1987): Spezielle Probleme der Sprachtherapie bei dysphasischen Kindern. In: Deutsche Gesellschaft für Sprachheilpädagogik, Landesgruppe Rheinland (Hrsg.): Spracherwerb und Spracherwerbsstörungen. Hamburg: Verlag Wartenberg, S. 31 - 61.

- *Dannenbauer, F.M.* (1999): Grammatik. In: Baumgartner, S./ Füssenich, I. (Hrsg.): Sprachtherapie mit Kindern. München: Reinhardt, S. 123 - 203.

- *Diekmann, A.* (1996): Empirische Sozialforschung: Grundlagen, Methoden, Anwendungen. Reinbek bei Hamburg: Rowohlt-Taschenbuch-Verlag.

- *Dupuis, G.* (1989): Unterstützte Kommunikation und Sprachtherapie. In: Boenisch, J./ Otto, K. (Hrsg.): Leben im Dialog. Unterstützte Kommunikation über die gesamte Lebensspanne. Karsruhe.
- *Hedderich, I.* (2006): Unterstützte Kommunikation in der Frühförderung. Grundlagen - Diagnostik - Beispiele. Bad Heilbrunn: Klinkhardt.
- *Honebein, P. C.* (1996): Seven goals for the design of constructivist learning environments. In: Wilson, B.G. (Hrsg.): Constructivist learning environments: Case studies in instructional design (11 - 24). Englewood Cliffs NJ: Educational Technology Publications.
- *Jeong-Im, C. & Hannafin, M.* (1995): Situated cognition and learning environments: Roles, structures, and implications for design. Educational Technology Research and Development Vol. 43, Nr. 2 (Juni), 53 - 69.
- *Kozman, R.B. & McGhee, R.* (2003): ICT and innovative classroom practices. In: Kozman, R.B. (Hrsg.): Technology, innovation, and educational change (43 – 80). Eugene: ISTE.
- *Kristen, U.* (2002): Praxis Unterstützte Kommunikation. Düsseldorf: Verlag Selbstbestimmtes Leben.
- *Lave, J. & Wenger, E.* (1991): Situated learning: Legitimate peripheral participation. New York: Cambridge University Press.
- *Mandl, H., Gruber, H. & Renkl, A.* (2002): Situiertes Lernen in multimedialen Lernumgebungen. In: Issing, L.J. & Klimsa, P. (Hrsg.): Information und Lernen mit Multimedia und Internet (139 – 149). Weinheim: Beltz.
- *Mayring, P.* (1990): Einführung in die qualitative Sozialforschung: eine Anleitung zu qualitativem Denken. München: Psychologie-Verlags-Union.
- *Mußmann, J.* (2010): Internet-Literarizität und Medienkompetenz im Förderschwerpunkt Sprache. In: Die Sprachheilarbeit, 1/2010, S. 11 – 15

- *Renner, G.* (2003): Theorie der Unterstützten Kommunikation. Eine Grundlegung. Berlin: Marhold.
- *Scholz, A./ Seiler-Kesselheim* (2008): Was wissen Sonderpädagogen über Unterstützte Kommunikation? Eine Erhebung an Förderschulen „Körperliche und Motorische Entwicklung" in der Region Ost-Westfalen-Lippe. In: Zeitschrift für Heilpädagogik 12, S. 471 – 476.
- Strübing, J. (2004): Grounded Theory. Wiesbaden: Verlag für Sozialwissenschaften.
- *Stephen v. Tetzchner, St. von/ Martinsen, H.* (2000): Einführung in Unterstützte Kommunikation. Berlin: edition sigma.
- *Urban, M.* (2006): Unterricht im Internet. Möglichkeiten der Vernetzung schulischen Unterrichts mit außerschulischen Kommunikationssystemen. In: Werning, R. & Urban, M. (Hrsg.): Das Internet im Unterricht für Schüler mit Lernbeeinträchtigungen. Grundlagen, Praxis, Forschung (48 – 61). Stuttgart: UTB.
- *Urban, M. & Werning, R.* (2006): Zur Einleitung: Bildungsperspektiven in der Konfrontation eines Digital Divide. In: Werning, R. & Urban, M. (Hrsg.): Das Internet im Unterricht für Schüler mit Lernbeeinträchtigungen. Grundlagen, Praxis, Forschung (7-12). Stuttgart: UTB.
- *Weid-Goldschmidt, B.* (1994): Ich habe auch eine Stimme. Zur Verständigung mit elektronischen Kommunikationshilfen. In: Braun, U. (Hrsg.): Unterstützte Kommunikation. Düsseldorf: Verlag Selbstbestimmtes Leben.
- *Werning, Löser & Uhde* (2006): Internetnutzung durch Schülerinnen und Schüler mit Lernbeeinträchtigungen. In: Werning, R. & Urban, M. (Hrsg.): Das Internet im Unterricht für Schüler mit Lernbeeinträchtigungen. Grundlagen, Praxis, Forschung (133 - 155). Stuttgart: UTB.
- *Werning, R. & Lütje-Klose, B.* (2006): Einführung in die Pädagogik bei Lernbeeinträchtigungen. München: Reinhardt.

- *Wetzel, M.* (1995): „Ich habe im Kopf die Bedeutung – nicht den Klang eines Wortes“ oder: Nichtsprechende können sich nicht diktieren. In: Die Sprachheilarbeit, 40. Jg., Heft 2 1995, 178-184.
- *Wilken, E.* (2002) (Hrsg.): Unterstützte Kommunikation. Eine Einführung in Theorie und Praxis. Stuttgart: Kohlhammer.
- *Zillien, N.* (2006): Digitale Ungleichheit. Neue Technologien und alte Ungleichheiten in der Informations- und Wissensgesellschaft. Wiesbaden.

9 Abbildungsverzeichnis

Abbildung 1: Ihr Geschlecht? (n=50) 31

Abbildung 2: Ihr Alter (n=50) 32

Abbildung 3: Förderschwerpunkt/e in Ihrer Schule? (n=50) 33

Abbildung 4: Wann haben Sie sich das erste Mal mit Methoden und Technologien der UK auseinander gesetzt? (n=50, 74 Nennungen) 34

Abbildung 5: In welchem Studienfach / welcher Ausbildungsstätte haben Sie sich mit UK auseinandergesetzt? (n=23) 35

Abbildung 6: Wie umfangreich ist Ihr Einsatz von Methoden und Hilfsmitteln zur UK in Ihrem Unterricht? (n=50) 36

Abbildung 7: Welchen Methoden und Technologien sind Ihnen bekannt? (n=50, 127 Nennungen) 37

Abbildung 8: Bieten Sie SuS in Ihrem Unterricht spezielle Lern- und Übungssoftware an? (n=50) 40

Abbildung 9: Steht für erheblich beeinträchtigte SuS assistive Hardware zur Bedienung der PC zur Verfügung? (n=50) 42

Abbildung 10: Nutzen Sie in Ihrem Unterricht das Internet? (n=50) 43

Abbildung 11: Über welche Systemkonfiguration verfügen Ihre Computer? (n=50) 45

Abbildung 12: Gibt es eine oder mehrere Personen, die hauptsächlich für den Bereich UK an Ihrer Schule verantwortlich sind? (n=50, 52 Nennungen) 47

Abbildung 13: Wer ist an Ihrer Schule hauptsächlich verantwortlich für die Betreuung der Hard- und Software? (n=50, 62 Nennungen) 48

Abbildung 14: Ist Ihre Schule Mitglied in einem fachlichen Netzwerk/einer Organisation zum Thema UK? (n=50) 49

Abbildung 15: Welche Förder-/Finanzierungsmöglichkeiten kennen Sie, um Ihre Schule mit moderner Computertechnologie ausstatten zu können? (n=50, 74 Nennungen) 50

Abbildung 16: Häufigkeit der benutzten Software in den Schulen (n=30) 55

Abbildung 17: War die Installation möglich? 56

Abbildung 18: Läuft das Programm stabil? (n=30) 57

Abbildung 19: War das Handbuch nötig? (n=30) 58

Abbildung 20: War das Handbuch hilfreich? (n=30) 58

Abbildung 21: Wie beurteilen Sie …? (n=30) 59

Abbildung 22: Ist die…? (n=30) 60

Abbildung 23: War die Suche nach einer Lösung mit/ über/ durch … , wenn Sie ein Problem hatten, hilfreich? (n=8) 60

Abbildung 24: Fragen zur Nutzung der Programmeinstellung. (n=30) 61

Abbildung 25: Haben Sie alle Einstellungsmöglichkeiten kennen gelernt? (n=30) 62

Abbildung 26: Die Anzahl der Einstellungsmöglichkeiten ist…? (n=30) 62

Abbildung 27: Spielerverwaltung (n=30) 63

Abbildung 28: Sind die Übungsinhalte fachlich korrekt? (n=30) 65

Abbildung 29: Didaktisch-pädagogische Qualität (n=30) 67

Abbildung 30: Einsatz im Unterricht (n=30) 69

10 Tabellenverzeichnis

Tabelle 1: Beispiele für körpereigene UK. 38

Tabelle 2: Beispiele für externe, nicht-elektronische UK. 38

Tabelle 3: Beispiele für externe, elektronische UK. 39

Tabelle 4: Beispiele eingesetzter Software. 40

Tabelle 5: Beispiele für eingesetzte assistive Hardware. 42

Tabelle 6: Beispiele für die Internetnutzung. 44

Tabelle 7: Angegebene technische Ausstattung. 45